❀人はなぜ花を愛でるのか❀

人はなぜ花を愛でるのか

日高敏隆
白幡洋三郎　編

■地球研ライブラリー■

【執筆者】
小川　勝
小山修三
大西秀之
渡辺千香子
佐藤洋一郎
武田佐知子
高階絵里加
秋道智彌

八坂書房

はじめに

日高敏隆

「人はなぜ花を愛でるのか?」とは、これまであまり問われたことのない根源的な問いである。こんなタイトルの本ができたきっかけは、人間文化研究機構が主催する公開講演会・シンポジウムであった。

人間文化研究機構というのは、国立大学の法人化と並んで二〇〇四年に発足した国立の大学共同利用機関法人の一つであって、千葉の歴博(国立歴史民俗博物館)、東京の国文研(国文学研究資料館)、京都の日文研(国際日本文化研究センター)、大阪の民博(国立民族学博物館)、そして京都の地球研(総合地球環境学研究所)という五つの国立研究所が構成メンバーとなった、日本独自のスタイルをもつ研究機関法人である。

それが一体となって広く社会人向けに年二回開くこの公開講演会・シンポジウムは、

これまですでに三回おこなわれていた（第一回目は東京で「今なぜ人間文化か」、第二回目は大阪で「歩く人文学」、第三回目は東京で「人が作った植物たち」）。そして第四回は、地球研の新しい建物が京都上賀茂にできた竣工記念として京都で開かれ、地球研がその企画にあたることになった。

ぼくはいろいろ考えた。人間文化研究機構の催しなのだから、人間とその文化に広く関わるものにしたい。どういう企画にしたらよいか。

結果としてぼくが提案したのは、ぼくがずっと昔から思っていた「人はなぜ花を愛でるのか？」という、講演会ではないシンポジウムであった。

人が花を好きであることに、だれも異論はないだろう。どれくらい、そしてどのように好きかは人によって異なるかもしれないが……。

人は部屋には花を飾り、何かの機会には花を贈る。衣裳には花。髪にも花。庭には四季の花を植え、景色や道ばたの花に思わず心が和む。

主たる食べものになることも少ないし、衣服の素材になることもない。道具や家を作るのにも使えない。そのようないわば無用な花を、人はなぜこんなに好み、愛でるのだろう？　ぼくはそれが昔からふしぎだった。

このような形で花に接する動物は、人間の他にはない。チョウやハチは花を好み、花にひかれてやってくるけれど、あれは花そのものではなく花にある蜜を求めてくるのである。ハチドリだってそうである。けっして花を愛でているわけではない。

もしかすると人間という動物には、花を愛でる性質が生得的に、つまり遺伝的に備わっているのではないだろうか？

けれどそう考えてみると、いろいろと疑問が湧いてくる。

人間は先史時代から花を愛でていたのか？　そもそもそれがわからない。

もし花を愛でるのが人間の生得的・遺伝的な性質であるのなら、人は太古の昔から、つまり学名をホモ・サピエンス（Homo sapiens）というこの人類の一種が地球上に現れたときから、花に関心をもち、花に快さを感じ、ときには絵にも描こうとしてきたはずである。しかし何万年か前のあのすばらしい洞窟画にも、どうも花は描かれていなかったような気がする。

もっと下って数千年前、日本の縄文時代にはいろいろな土器が作られていたが、そこにも動物の絵はあるが花の絵はなかったらしい。

人はそのような時代には、花に関心をもっていなかったのだろうか？　エジプトやシュメールではどうだったのか？

あるいは仮に絵にこそ描かなかったとしても、大昔から若い女の子は道ばたの花を摘み、髪にさしたりしていたのではなかろうか?

けれどそんなことを示す考古学的証拠のあろうはずもない。考古学の人には冷たくこう言われる。「たとえそんなことがあったにしても、そんな証拠は残りませんよ。」

だが、もうかれこれ四〇年ほど前、ソレッキという人の書いた、邦訳名『シャニダール洞窟の謎』(香原志勢・松井倫子共訳、蒼樹書房、一九七七年)という本が、世界に一大センセーションを巻きおこした。六万年ほど昔のネアンデルタール人の化石があったイラク北部のシャニダール洞窟で、死者に花を捧げていた跡がみつかったというのである。

われわれホモ・サピエンス(新人)とは別の種類の人類で、ホモ・サピエンスに滅ぼされたとされているネアンデルタール人(旧人。学名 ホモ・ネアンデルターレンシス)が、すでに死者に花を捧げていたとは!

だとすればホモ・サピエンスも、ということになるわけだが、そんな証拠があるのだろうか?

いずれにせよ、花は美しい。人は美しいものは好きである。だから人が花を愛でるのも当然なことではないかとも言えよう。

けれどよく考えてみると、花は人間のために美しくなったわけではない。昆虫に受粉してもらって自分の子孫を残すために、昆虫の目につきやすい色や形や香りのものになっただけだ。それを人間が美しいと思うことこそふしぎなのである。

その一方、洞窟壁画や土器に花の絵がないのは、ジェンダーの問題ではないか、という論もある。おそらく男より花を好む女は、ジェンダーとして絵を描く立場にはなれなかったのかもしれない。

けれど、そもそもあの時代には、人のまわりに花がなかったのではないか？　森の中にはあまり目立つ花はないからである。

それでは花はいつ人間の身近に現れたのだろうか？　人間が狩りの生活から定住生活に移り、開けた土地を作ったことによって、そこにいろいろな花が住みついたのか？　そして花が出現したら、人は急速にその本来の性質を表し、そこに美を見いだしたのであろうか？

人間には自然的（本能的）美学と文化的美学があると、中尾佐助は言っている。自然的・文化的と分けることはぼくには納得できないのだが、異常なほどすぐれた言語と概念と論理の能力を遺伝的（自然的）にもつことになってしまった動物である人間は、花にシンボリックなものを見出し、そこからさまざまな論理を展開して、花を愛でるようになったのかもしれない。もしそうであるとすれば、ここでいう「文化的」とは、従来よりもっと深い意味をもったものだということになろう。

疑問はいくらでもでてくる。とにかく専門の方々に聞いてみるほかはない。

そこでシンポジウムでは、いろいろな分野の方々に、オーガナイザーの二人（日文研の白幡洋三郎と地球研の日高）から質問して、手短かに話をしていただき、最後に聴衆からの質問も含めて総合討論をした。とても興味ぶかく、新しい視点もたくさん指摘された有意義なシンポジウムになった。それをもっと詳しく書いていただいたのがこの本である。

ぼく自身の最初の発想に戻れば、そもそも「花を愛でる」とはどういうことなのか？

昔から人は、山や岩や大木などには何らかの超越的な力があると信じてきた。だから世界のどこにおいても、人はこれらの存在をあがめ、その力によって守ってもらおうと思ってきた。その力をやたらに振るってくれないよう祈ってもきた。

けれど人は、花がそのような力をもっているとは思っていない。花に救ってもらおうとか、守ってもらおうとか思ったこともなかっただろう。

けれど、なぜだかわからないが、花は自分の気持ちを伝えてくれるような気がしていたのではないか。

つまり、山や岩や大木には感じないものを、人間は花に対して感じてきたのである。人が花を愛でるのはそれゆえにではないか。シンポジウムが終わって、ぼくはそう思うようになった。

追記

本書『人はなぜ花を愛でるのか』は、「地球研ライブラリー」の一冊として刊行されました。

また、このシンポジウムの全記録は、人間文化研究機構の発行している『人間文化』第四号に報告として掲載されています。ぜひそれも参照していただきたく思います。

*連絡先　〒一〇五―〇〇〇一東京都港区虎ノ門四―三―一三　秀和神谷町ビル二階
人間文化研究機構

『人はなぜ花を愛でるのか』

目　次

第*1*章

先史美術に花はなぜ描かれなかったのか

小川　勝

洞窟壁画に描かれたもの

人間は、一体いつ頃から花を描くようになったのだろうか。このような疑問は、少し不思議な気がするかもしれない。日本では、昔から絵といえば、それが描くのは花鳥風月であり、とりわけ花は、何より重要な画題であったといえるからである。わが国のみならず、例えばヨーロッパにおいても花は長らく美術のテーマとしての位置を占めてきているだろう。しかし、物事には必ず最初があるのであり、それまで描かれたことのなかったものが、ある時をさかいにして頻繁に表現の主題となったはずなのである。それまでなかったものが現れるためには何らかの理由があるのであり、その問題を考えることにより、人間はなぜ花を愛でるのか、という本書のテーマに迫れればと考えている。そのためにも、この章では、まず、人間が作り出した最初の美術である洞窟壁画を見てゆくことにしたい。

人間が作り出した最古の芸術作品とはいつ頃のどんなものなのだろうか。近年、南アフリカの約七万年前の遺跡で発掘された硬い土の塊に、多くの斜めに交わる平行線が引いてあるのが発見された（図1）。これが最初の美術だと声高に主張する人びと

図１　ブロンボスの線条

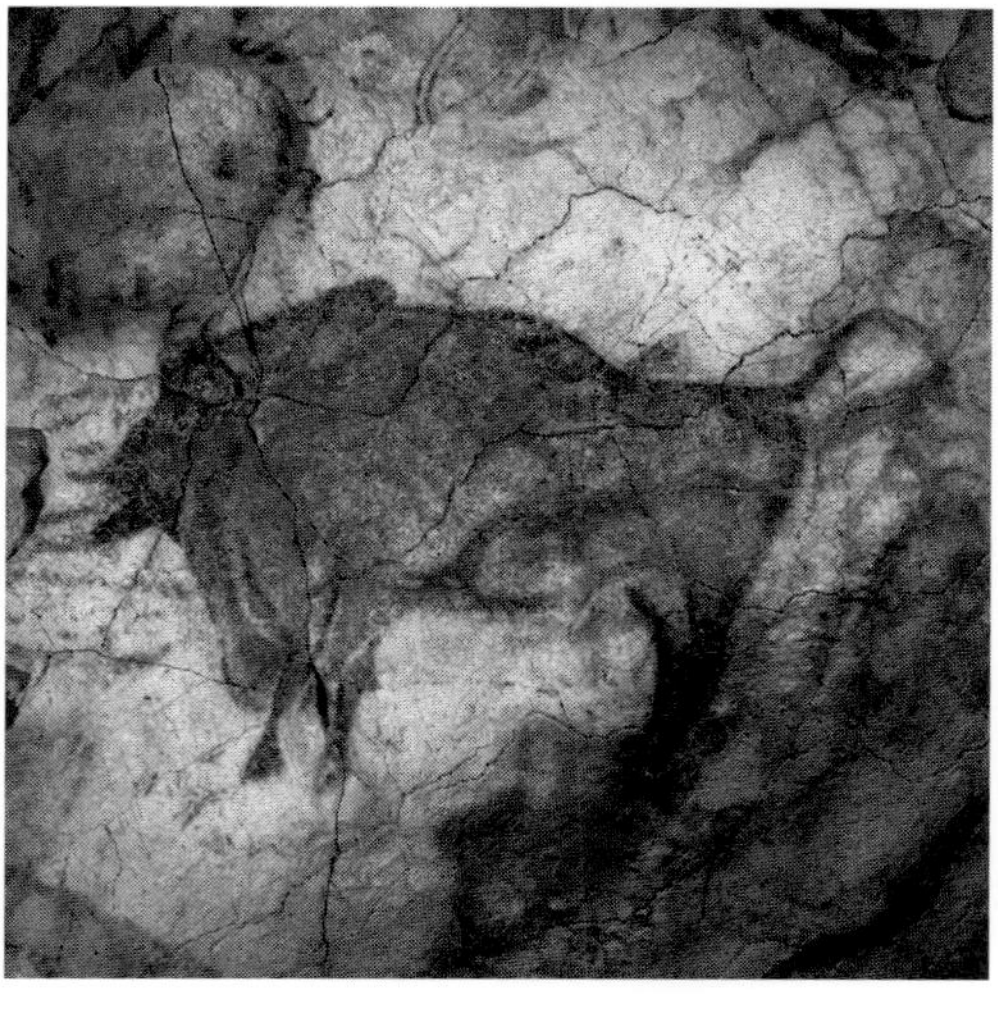

図2　アルタミラの吠える大きなバイソン
[photograph : Pedro A. Saura Ramos]

もいるが、筆者はまだ一例しかなく、その前後の時代に類似したものも見出せないので、それが最古の芸術作品であるかどうかについては、今のところは認めない方がいいのではないかと考えている。もちろん、美術とは何かという定義も残念ながらはっきりしない現状では、南アフリカの抽象的な線を最古の美術と認める考え方があってもいいのだが、いずれにせよ、そこには具象的な表現はまだないのであり、人間と花との関係を考えるための資料にはならないだろう。

次に、筆者自身の専門でもあるが、主にフランス南西部とスペイン北部において、後期旧石器時代（紀元前四万年頃〜同一万年頃）に制作された洞窟壁画を考えることにしたい。スペインのアルタミラ洞窟やフランスのラスコー洞窟に代表されるとおり、洞窟壁画には主に写実的でダイナミックな表現の動物像が描かれている（図2）。それ以外にも、数え方によっては動物像よりも多いとされる、抽象的な図形のような表現も多く認められる。具象的な作品のほとんどは、やはり動物像であり、人物を表現したと解釈されている作品もないことはないが、はっきりと人間であると断定できるものはないといってよい。また、花をはじめとする植物をテーマとする作品は今のところ皆無であり、すなわち、洞窟壁画の具象的な作品では、ほとんどすべて動物しか描いていないということになる。これは一体何を意味しているのだろうか。

洞窟壁画を描いた人びとは狩猟採集民であったと考えられている。後期旧石器時代にはまだ、現在の私たちに直接つながる農耕牧畜ははじめられておらず、人びとは動物を狩猟し、また果実や昆虫などの小動物を採集して食糧にしていたのである。獲物の動物は季節ごとに移動し、人間もまたそれを追って移動生活に終始していた。すなわち、後期旧石器時代までの人間は定住をしておらず、一生涯キャンプ生活を送っていたといっても間違いではない。そのような遊動生活をする人びとにとっては、季節の到来を告げる花々は当然生活の指標になっただろうし、その果実はまさに何より安定的に得られる食糧だったのである。しかし、洞窟壁画には花の絵は発見されていない。それはなぜなのだろうか。

ひとつの考え方としては、人間は身の回りにあるものすべてを絵に描くわけではないということがあるだろう。現代の芸術家たちも、自分が選び抜いたテーマを表現し続けているのであり、その作者の作品すべてを見たとしても、現代の生活のあらゆる局面が分かるということは決してないだろう。さらに、多くの芸術家が作り上げた作品世界をできるかぎり参照したとしても、それだけで世界のすべてを理解できるわけではないのは、いうまでもないことである。芸術はそもそも生活のカタログではないし、さらには百科全書的な記録でもない。芸術はそれにたずさわる作者や観者にとって表現されなければならなかったものをまさに表現しただけのものであって、極端な偏りがあるのは仕方のないところである。

それゆえ、洞窟壁画に花の表現がないからといって、当時の人びとが花に関心がなかったとか、花を愛でるような感性は持たなかったのだと断じることはできないことになる。ただ、花は洞窟の暗闇の中に表現するテーマにはならなかったというだけのことであり、しかし、動物は圧倒的な迫力で写実的に描き尽くされているのであり、ここに動物と植物の存在意義の差を認めることは無理なことではないだろう。すなわち、後期旧石器時代の人びとにとって、花は動物ほどには重要な存在ではなかったと、ある程度の確信をもって推論することはできそうなのである。

中石器時代の表現

そうであれば、人間はどの時代から花を描きはじめたというのだろうか。後期旧石器時代の人びとが主な狩猟の対象としていたマンモスやバイソン（野牛）などは、約一万年前に地球が急速に温暖化した際、生存に適した環境を求めて北方、現在のスカンジナビア半島のあたりまで移住してしまった。それらを追いかけて、多くの人びとも北方に移っていったようである。洞窟壁画の制作されたヨーロッパ南西部には、シカやヒツジなどの中型動物が残り、それを移住しなかった少数の人びとが狩猟の対象にしたと考えられている。その際、敏捷なシカなどに対応するために弓矢が工夫されたらしい。それ以前は動物を狩猟するのに槍が使われていたのである。この、中型動物を狩猟し、前の時代から引き続き採集もしていた時代を、研究者によっていろいろな呼び方をされることがあるが、さらに後に来る新石器時代とのつなぎという意味を込めて、中石器時代と呼ぶことが多い。この時代の美術は、既に洞窟の暗闇の中には制作されず、岩陰という、雨露をしのげる天井のせり出した明るい場所に主に見出される。

図3は保存状態があまりよくないので、描きおこしも並べて示すが、左のダイナミックに足を振り上げた狩人が、右の大ヤギにまさに至近距離から矢を射る瞬間を表現している。後期旧石器時代には写実的な動物像が大きなサイズで表現され、中石器時代には狩猟の情景が主題として選ばれたようである。ただし、まだ花の表現は見出せず、人間が花を美術の世界に呼び込むのはもう少し後のことになるだろう。なお、この大ヤギの狩猟を描いた作品が制作された年代を決定することは、直接的な証拠もなく、極めて難しいのだが、筆者としては、様々な要素を考慮して、およそ七千年前、

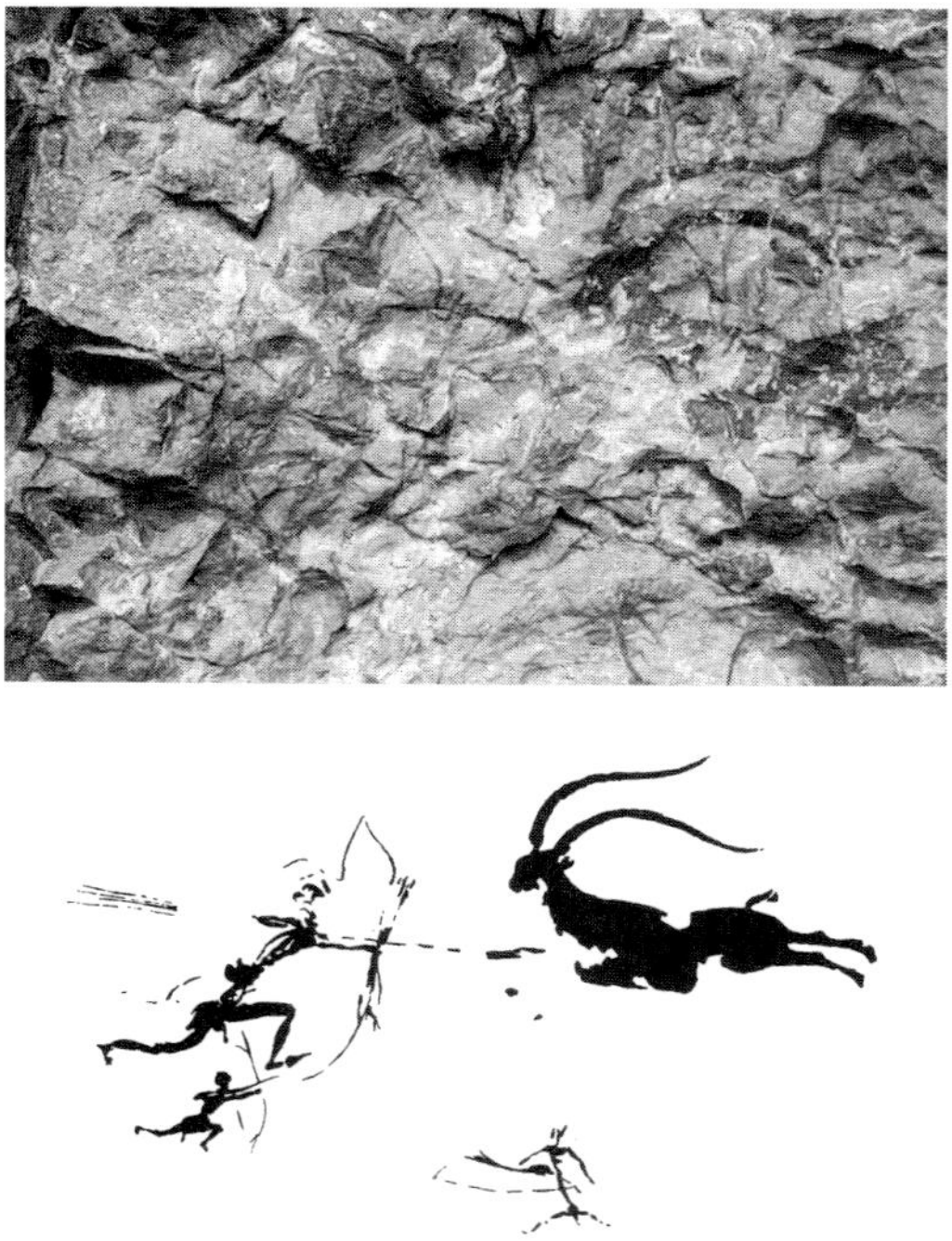

図3　レミヒアの大ヤギ狩猟（下＝描きおこし）

すなわち紀元前五千年頃ではないかと考えている。

では、中石器時代の美術に花の表現はまったくないのだろうか。花そのものではないが、花につながる蜂蜜採集の絵が発見されているので、それを以下に詳しく紹介したい。図4の作品は、スペイン地中海沿岸のバレンシア県にある。その海岸地方には稲作の水田が広がり、何か日本の平野部の匂いがする。有名なスペインの米料理、パエーリァは本来バレンシアの郷土料理である。また、有名なオレンジも栽培され、地中海のどこまでも青い空から燦々と日差しが照りつける明るい場所である。しかし、一歩山岳地帯に入り込むと、険しい山並みが続き、そこを分け入ってゆくと、多くの岩陰にたどり着くことができる。バレンシアの山村にビコルプというところがあり、そこから遠くないところにアラーニャ岩陰がある。アラーニャはスペイン語でクモの巣を意味する。

アラーニャには多くの作品が残されているが、やはりここの保存状況もあまりよくなく、その本来の姿を見出すのはそれほど簡単なことではない。そこで、図4には蜂蜜採集の部分の写真と、それを描きおこした図面と、さらにはマゾノウィックズによる想像復元図も添えることにした。美術を論じるには、いうまでもないことだが、実際の作品をもとにしなければならず、その作品が確認しにくい場合には、研究者が現

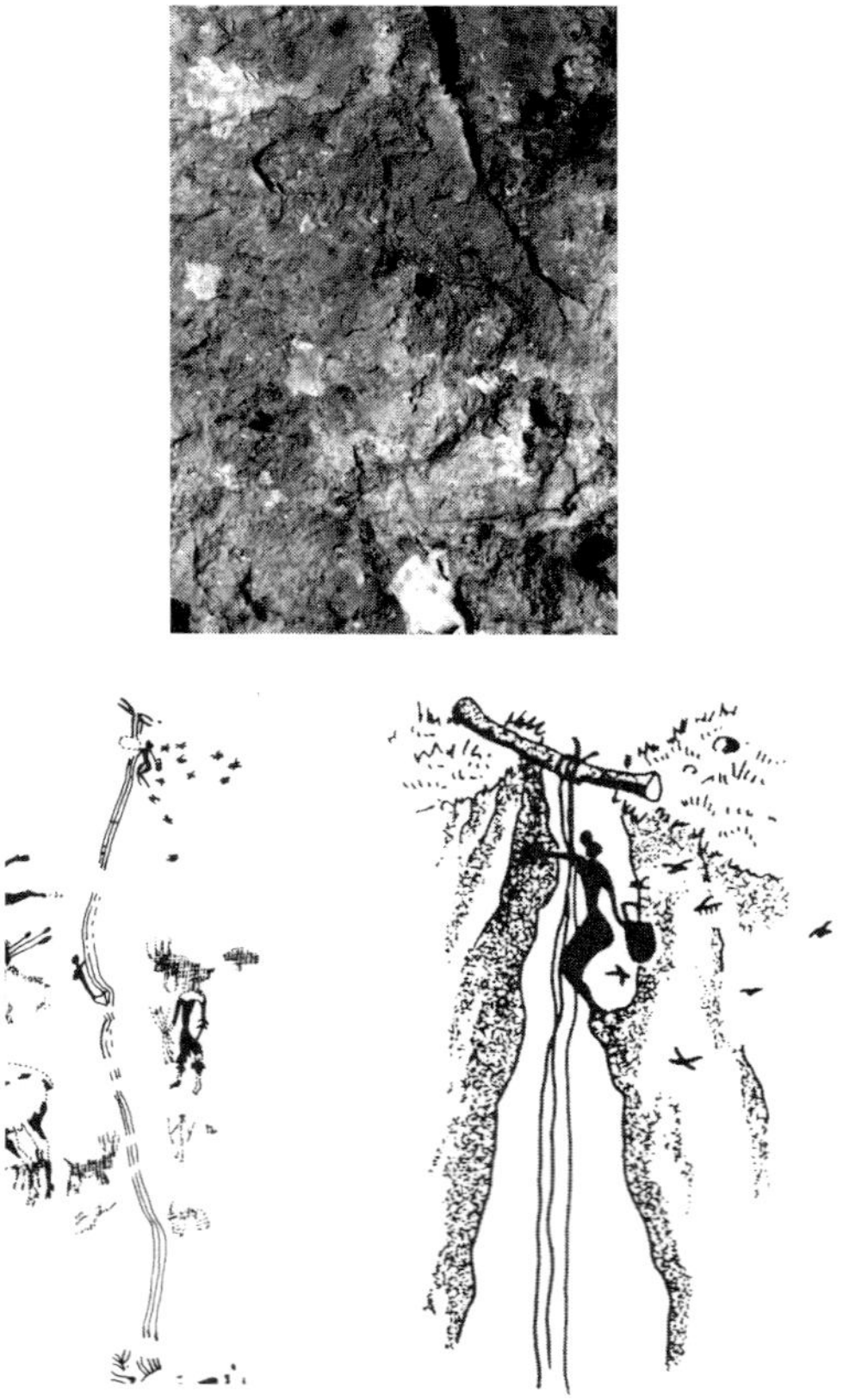

図4　アラーニャの蜂蜜採集
(下左＝描きおこし、下右＝マゾノウィックズによる想像復元図)

地で描きおこした図面が重要な資料になる。想像復元図はあくまでも参考資料にすぎないが、ここではそれをもとに何が描かれているのか見てゆくことにしよう。

崖の細い隙間に丸太が渡してあり、そこから、何で作られているかは分からないが長い綱状のものがかなり下の方まで垂れ下がって伸びている。その上の方に一人の人物がぶら下がるようにいて、岩の出っ張りに片足を乗せて体重を支えているようである。一本の伸ばした腕は何かバスケットのようなものをつかんでおり、もう一方の腕は崖に開いている穴につっこんでいるように見える。その穴は一体何なのか。それを考えるヒントとなるのは、人物の周りに描かれた点々のように見えるものであり、小さすぎて写実的ではないが、飛ぶもの、すなわち、鳥か昆虫のようである。人間に比べても相当小さいので、これは昆虫、しかも、崖の穴に巣を作るミツバチではないかと、かなりの妥当性をもって考えられるのではないだろうか。すなわちこの人物は蜂の巣に手を差し入れて、そこにある蜂蜜を採ろうとしているのであり、そういう、ある意味きわめて特殊ともいえる生活の一断片が記録描写されているのである。

蜂蜜採りは英語で honey hunting と呼ばれているとおり、狩猟であるともいえ、それは蜂に刺されてショックで死亡し、あるいは崖の中腹に開いている穴から採ろうとすれば、転落して大けがをする危険性のある命がけの行為なのである。つい最近まで、例えばネパールの山岳地帯では、この絵を彷彿とさせる蜂蜜採りが行われていて、それを行った人物が人びとから英雄のように迎えられていた映像を筆者は見たことがある。つまり、この場面が絵の主題として選ばれたのも、狩猟の一種として認識されていたからであり、それは先に見た大ヤギ狩りに比べても遜色のない、記録描写に値する、人びとにとって大切な行為だったのである。中石器時代にも、何を表現しているのかすぐには分からない抽象的な記号表現のようなものも多く見出されるが、具象的表現の場合は、そのほとんどがこのような狩猟の情景か、あるいはもう少し後になると、人びとの間で行われたらしい戦闘の情景を描写したものも表現されるようになる。花を直接に表現したものは依然として現れず、もう少し時代が新しくなるのを待たなくてはならないのだろう。

もちろん、蜂蜜はミツバチが花から集めてきたものであり、蜂蜜採りを表現するということはその背後に花の存在を認識していることになる、という議論はありうるかもしれない。しかし、蜂蜜採りをしていた人びとが、蜂蜜を花に由来するものとして考えていたかどうかは、精密な民族誌的調査をしなければならない問題であり、ここで蜂蜜すなわち花というとらえ方は採用しないでおきたい、と筆者は考えている。そもそも、アラーニャの蜂蜜採りの情景描写は花そのものを描いたものではまったくないし、花の存在を暗示しているともいいがたいのではないだろうか。花が美術の主題になるほどに、人間にとって意義のある存在となっていたならば、中石器時代の人びとも、蜂蜜採りに関連づけてお花畑を描いてもよかったのである。事実、例えば、図5では、追跡狩猟とでも呼ぶべきものが表現されているのだが、それは、毒を塗った矢じりを動物に打ち込んで、その動物が徐々に衰弱していくのを、その足跡をたどりながら追いかけてゆくというものであり、この場面では、角のようなものを頭に付けて偽装しているらしい狩人とその周辺の足跡しか表されておらず、やはり、中石器時代の作者たちも、必要な事物は描写したと考えられ、それゆえ、蜂蜜採りに花が関連づけて現れてこないということには、その不在に意味があると考えざるをえないのである。花そのものが表現されないということは、やはりまだ花が美術の主題としては成立していなかったということになるだろう。

図5　レミヒアの追跡狩猟

次にもう少し花に近い表現を見ることにしよう。図6は、バレンシア県から少し内陸部に入ったテルエル県にあるドーニャ・クロティルデという岩陰で見出される表現である。これも保存がよくなく確認が難しいが、よく見ると、細い幹に葉が茂っていて、さらに下の方には実とおぼしき小さな塊がたくさん落ちているようにも見える。つまり、これは果実を採集している情景を描写したものと解釈でき、実際このように果実をたたき落として収穫するというのは、現在でもスペインで行われている方法である。何の実なのかは分からない。クルミかもしれないし、アーモンドの可能性もあるだろう。

実際、春四月から五月にかけて、スペインの山岳地帯で満開のアーモンドの花を見たことのある筆者にとっては、この情景がアーモンドであってほしいと願いたくなる。山の斜面を覆うばかりに満開のアーモンドの花が咲き誇っており、それは日本人には、少し白っぽいきらい

図6　ドーニャ・クロティルデの樹木と果実（右＝描きおこし）

はあっても、異境で桜を思い出させる光景だった。もちろん、それだけの現地経験だけで、これがアーモンドのみを採集している情景であると断じることはできないし、そもそもこの作品部分の想定される制作年代である紀元前三千年頃にスペイン内陸部においてどのような花が優勢であったかは、遺跡の花粉分析など別の調査結果を参照しなければならない難しい問題である。

果実の種類が何であるにせよ、この場面は、まさに植物そのものが直接的に表現されているのであり、ここに至ってようやく花を描写することもすぐそこまで来ているかのようなのである。しかし、咲いている花が描かれているのではなく、花が朽ちた後の結実が、樹木とともにそこから落下したものとして表現されているという事実にも注目しなければならない。果実は何よりも食糧であり、そのまさに実利的な関心が美術の主題となったといえるのである。ここには、もはや危険な狩猟ではないが、やはり人びとの生活を支える、空腹を満たすものが画面に登場しているのであり、美術に表現することがその描いたものを愛でるためであるという考え方には必ずしも一致していないかのようである。何が美術の主題に選ばれるか、というのは簡単には答えの出ない、芸術学的にも難問であり、社会背景など総合的に考察しなければならないが、描かれていないものがなぜ描かれなかったのかということを考えることはさらに難しいことであり、もちろんここでその答えを出すことは、残念ながら、かなわない。

絵を描き、花を愛でる人類

花を食す文化は広い世界に多く存在するだろうが、しかし、やはり嗜好食であり、花がなければ生き延びられないということはないだろう。生存に不可欠ではないというのは美術も同じかもしれない。絵を描いても空腹は癒せないし、美術鑑賞にふけっていても実利が得られるわけではない。何か過剰なものとして美術はありそうであり、それは花とても変わらないだろう。だが、本当にそうなのだろうか。長年にわたって洞窟壁画を学んできた者として、常に驚くのは、それを支えていた社会の小ささに比べて信じられないくらいの規模の大きさである。

後期旧石器時代の社会については、わからないことばかりだが、今のところ、通常は数人のグループで活動していて、年に何度か仲間たちが集まって五〇～一〇〇人程度の社会を形成していたのではないかと考えられている。洞窟壁画は多くても一〇〇人に満たない社会が作り上げたとは考えられない壮大なものであり、社会のメンバーすべてが関わらなくては成り立たなかっただろう。洞窟の暗闇などでかたちを作り上げても、それで空腹が満たされるわけではないし、現実の生存が保証されるわけもなかっただろう。しかし、それにもかかわらず、後期旧石器時代から中石器時代にかけての人びとは、社会全体の力を注いで、現在の我々が美術としか呼びようのないものを作り続けていたのである。なぜだろうか。

現在の私たちにはなかなか実感できないだろうが、約三万年前に人間が美術というものを手にして以来、それは人びとにとって欠かすことのできないものになって、あらゆる力を尽くして美術にたずさわったのである。美術は余暇を活かす余裕の贅沢品ではなく、生き延びるための武器にも似たものだったともいえるのではないだろうか。その際、後期旧石器時代であれば洞窟の暗闇に写実的な動物像や記号などを描き、中石器時代には岩陰の岩面に狩猟の情景や記号などを表現したのである。美術の主題もまた、人びとが生きてゆくのになくてはならないものが選ばれたのに違いなく、その際、花は残念ながらそこまでの存在意義を持たなかったのかもしれない。しかし、遅かれ早かれ、花もまた美術が描くべきテーマとして登場してくるだろうし、その実相に関しては、別の章で詳しく論じられているはずである。

翻って、人間がなぜ花を愛でるのか、それはやはり古い時代の美術と同じく、それがなくては人間の生存が脅かされると考えているからではないだろうか。「人間はパンのみにて生くるにあらず。」この聖書を出典とする古めかしいことばは、もちろん宗教的な発言であり、このような学術的議論の場にはふさわしくないかもしれない。しかし、実利だけで人間が生きられないということは、洞窟壁画などの美術が示していることであり、それは人間にとっての花の存在意義にもつながるのではないだろうか。花が人間にとってどのように具体的に不可欠なものであるのかについても、本書の多くの章で語られているだろうから、ここでは述べないが、花なしでは生きた屍になっている人間の姿が如実に示されていることだろう。

花自身は別に意志を持っているわけではなく、周囲の人びとの欲望に合わせて、さらにその姿を華麗にしてきたのにすぎないだろう。長年にわたって品種改良されて人間の手は加わっているにしても、花を花として開花させているのはまさに自然そのものの力であり、その自然に対して畏怖の感情を持つことも花を愛でることにつながっているのかもしれない。自然に対して謙虚であることを忘れないためにも、人間は自然の一端である花がいつもそばにあることを望んでいるのではないだろうか。花に思いを寄せるということは、自然のさなかにいる人間のあり方をもう一度見つめ直すことにつながってゆくのではないだろうか。

第2章

六万年前の花に託した心

小山修三

1．花の埋葬

イラクのシャニダール洞窟で発見された花をいっぱい供えた死者の埋葬、それを行なったのはネアンデルタール人。彼らこそ最初のフラワー・ピープルだったという説をアメリカのR・S・ソレッキが発表した。それをめぐって活発な議論が始まったのは、一九六〇年代からである。

この洞窟は一九五一年から五七年にかけて発掘され、その間、見つかった埋葬人骨の化石のうち、四号人骨のまわりの土壌からノコギリソウ、スギナ、アザミ、ヤグルマソウ、ムスカリ、タチアオイなど八種の花粉（これらは今でも薬草として使われているという）が集中的に発見された。その結果にもとづいて出された仮説である。

ソレッキの説が衝撃的だったのは、それまでヒト以前の状態にあるとされていたネアンデルタール人が花を飾って死者を葬るという行為をしたことだった。彼らがヒトと変わらぬ心を持っていたことを示唆したのである。

2. ネアンデルタール人はサルかヒトか

ネアンデルタール人の骨はがっしりしていて、一八六六年にそれを偶然見つけた石灰岩採掘場の作業員はクマの骨だと思ったという。その後の調べで、ヒトであることに疑いがなくなると、骨軟化症で骨が変形したヒトだと考えたり、なかにはノアの洪水で取り残された人という珍説まで出たそうだ。この頃はまだダーウィンの進化論が一般に広まっていなかったのである。

ネアンデルタール人の姿や容貌を総合的に復元したのはフランスのM・ブールだった。彼は一九一一年に、ほぼ全身を発掘し、ほかに参考となる資料も増えており、その復元は学術的には文句のつけようのないもので、現在でも進化の過程として描かれる絵の基礎となっている。

それによると、ネアンデルタール人は、「骨太で筋肉質、ずんぐりむっくりの胴長短足という体つき、前歯が大きく、オトガイがない、眉の上が盛りあがり（眼窩上隆起）、額が狭く傾斜して頭蓋が低い」と、むしろヒトよりサルに近いものであった。

それに加え、ブールは、「どう猛な顔つきで、背中が曲がりろくに二足歩行も出来

死者に花を手向けて埋葬するネアンデルタール人の復元模型（群馬県立自然史博物館）

ネアンデルタール人の復元像「手斧を作る人」（ドイツ、ネアンデルタール博物館）

なかった」、おまけに「うすのろで凶悪粗暴、野獣的」と言いたい放題だった。悪い姿勢については、その後、ひどい痛風にかかっていた老人だったからと訂正されたが、顔つきについては、頭蓋骨の特徴を誇張的に述べればたしかにそうなる。しかし、性格についてはまったく根拠はなく、いわば、外見で判断したわけで、当時のヨーロッパ社会における人種・階級に対する差別観を強く反映したものだ。その道の権威がそう言うのだからと、この怪奇なイメージは、キングコングや半魚人のように、安手の小説やスリラー映画に利用され、世に広く浸透していったのである。

3. 常識論からの批判

いったん確立した理論やイメージを覆すのはたいへん困難である。急進的な仮説が出されると、保守的なアカデミーから激しい反論がおこる。花の埋葬の仮説に対しても、そうだった。もっとも直接的なものは、四号人骨のまわりから発見された花粉は、洞窟のある地域では普通に見られる野草なので、風で吹きよせられた花粉が、ネズミの穴を通ってまぎれ込んだのであろうという批判である。この種の批判は、さまざまな条件下で長い時間にわたって堆積する土のなかからモノを掘り出す考古学そのものの問題で、当事者でなければ、どんな発掘に対しても言えることである。同じ地域で洞窟を発掘していた赤澤威は「洞窟はネズミの穴だらけだったが、他の人骨で見つからなかったのは不自然である」と言っている[1]。したがって、発掘がシステマティックに行なわれたかどうか、方法に問題はなかったか、発掘者が正確に観察したかどうかを判断して信じるほかはない。捏造は論外だとしても、そうでなければ、水掛け論に終わってしまうものだ。もっとも、将来同様な例が増えれば信憑性はゆるがなくなるのだが。

仮説が魅力的であったために、他分野から活発な発言があった。専門分野内での議論はともすれば煮詰まってしまいがちだが、新しい視点が持ち込まれると思いがけない展開が生まれてくるものである。

とくに興味深かったのは、ヒトを特徴づける象徴機能にかかわる言語の問題であった。言語学者は、解剖学的に見て「上顎はチンパンジーのように平らで、ヒトよりも狭い」、「舌骨は発達していた」、「声帯はホモ・サピエンスに比べかなり低い位置にある」といった所見から、ネアンデルタール人の発語器官は発音に不向き、呼気の振動を発語器官の口腔部まで伝えるには気道が長すぎる（短すぎてもいけない）という。

そのため結論は、音声言語を持っていたかどうかは疑わしいという否定的なものであった[2]。

これに似た発言は、脳科学の分野からも出された。しかし、一般的に言って、他分野なので専門家ではないという引いた立場をとることや、論点を、ネアンデルタール人と現代人との差に置くために、意見がアカデミックで常識的な線に落ち着いてしまう傾向が見られる。また、もともとサンプル数が少ないこともあって、提供される資料によって、まったく別の見解が出るという問題もある。

4. 分子生物学からの衝撃

分子生物学の分野からは、ネアンデルタール人はヒトの直接の祖先ではなく別系統であり、約六〇万年前に分枝したヒトの亜種であるという意見が出されている。一九七〇年代末から盛んになった分子生物学は、ミトコンドリアDNA、Y染色体、マイクロサテライトなど、次々と新しい手法を開発し、その精度も上がっている。そんななかで、ホモ・サピエンスは二〇万年前のアフリカから出て世界に広がり、先住のホモ類と交代したという仮説がいまや人類進化論の主流となってきた。

この説は人類の単一起源説と呼ばれ、それまで骨の形態や道具から進化の流れを考えてきた多地域起源説と鋭く対立していたものだが、それをほぼ、完全に押さえ込むことになった。昔ながらの手作業を続ける考古学としては、最先端のハイテクにはかなわんと引け目を感じているフシもあるのだが。

しかし、考古学者にすれば、六〇万年前に分かれた亜種との交雑ははたして可能なのか、そして、これまで説明してきた遺物や遺構に見られる連続性をどう説明するのかという大きな問題に突き当たる。

5. 絶対年代が変えた考古学

考古学に絶対年代が採用されるようになって、離れた地域の比較が可能になり、広い地域での動きが観察できるようになると、社会構造や行動さらには思考についてまで考察されるようになった。それ以前の考古学が行なっていた、形式による相対的な年代観から脱して、それぞれの地域での細かな動きが把握できるようになったのである。

ネアンデルタール人は遅くとも六万年前には絶滅し、次の発達段階のクロマニヨン人に交代したというのが、かつては定説だった。ところが、二〇〇五年、スペインのイベリア半島にある洞窟から、^{14}C年代によって二・八万〜二・四万という驚くべき新しさのネアンデルタール人の遺跡が発見された。クロマニヨン人の年代が三万年以上であることは確実だから、両者は共存した時代があったのである。さらに、この時代の人骨のなかには、両者の特徴を持ったものがあるという報告が出ている[3]。東京大学のデデリエ洞窟の調査で出土した子どもの骨を中心にした成長パターンのシミュレーションによると、両者の差は成長の速度や成熟のタイミングにあったにすぎないという結果が出ている[4]。

ネアンデルタール人とクロマニヨン人は同時に存在しており、その差はないと言えるのではないだろうか。

6．道具に写される文化

ネアンデルタール人がヒトの直接の先祖かどうか、そのゆらぎがいっこうに止まらないのはなぜだろうか。ここで、文化とは継承され発展しながら連続性を持つという視点に立ち、考古学の立場から考えることにしたい。

最近、動物行動学の研究の伸展がめざましく、ヒトと動物の差が次第に縮まってきた。たとえば、チンパンジーが石を使って木の実を割ったり、木の枝を利用してアリを捕るなど、道具の作成や使用例が報告されている。トリや昆虫のなかにも道具を使うものがあるという。しかしそれらは計画性、保管、効率化を持たないという意味で、ここで述べる道具とは異なるものと考えておきたい。

①石器の文化

最初の石器があらわれるのは二〇〇万年前のアフリカである。身近にある石をぶつけて、やや鋭い刃をつくり出している。形質的にはアウステラロピテクスと同じ段階にあるが、道具を持っていることを理由にホモ・ハビリスと呼ばれているのである。その脳容量は七五〇ccである。

第二は一〇〇万年前、梨型をしたハンド・アックス、刃部が鋭く加工された定型的なもので、前段階とは大きな差があるといえる。つくったのは、ホモ・エレクタスで、脳容量は九五〇ccである。

第三は二〇万年前、加工した原石から剥片を打ち取り、それに、別の道具を使って鋭い刃をつくり出す。これはルバロワ技法と呼ばれているが、打ち欠いた剥片を利用するため、道具数が飛躍的に増えた。槍に使ったと思われる鋭い尖頭器のあることが特徴である。これをつくったのがネアンデルタール人で、その脳容量は一六二五cc。最後が三・五万年前の精巧な石器で、クロマニヨン人＝現人類がつくったもの、その脳容量は一五〇〇ccである。

このように石器の発達には脳容量との相関が見られるが、最後の二つの段階は逆転し、ネアンデルタール人の方が大きい。たしかに、ネアンデルタール人の石器はクロマニヨン人のものと比べると、種類が少なく、型が大きく、加工も未熟である。ところが、三・六万～三・二万年の最末期にあらわれる石器（シャルテペロン遺跡）の大きさや形態は、後の植刃につながる先駆形だと考えられる。野生の馬の首に刺さって残されていた尖頭器、基部に接着剤のついた尖頭器もみつかっているので、柄をつけた道具を持っていたことも確実である。また、石器用の特定の素材を選び、二〇km近く運んでいたことも明らかにされている。したがって、両者は一連の石器文化であると考えてよいだろう。

②アクセサリー

さらに重要な道具は装飾品である。その一つである玉類は、シカやオオカミの歯を利用したものがあり、貝殻、ダチョウの卵殻製のものが知られている。また、アフリカのブロンボス洞窟から、七・五万年前の幾何文を描いた赤色オーカー塊が発見されており（ホモ・サピエンスのものだという説もあるが）、まだ疑わしい点はあるにしても、線刻画らしい例が各地のネアンデルタール系遺跡から発見されている。このような例は、将来もっと増えることが予想される。

③埋葬

道具ではないが、埋葬という行為も道具と同じものと考えたい。もっとも古い埋葬例は一〇万年前、ネアンデルタール人のものである（イスラエルのカフゼー洞窟、スフール洞窟）。埋葬は、まず穴を掘り、そこに屈身、伸展、抱擁などのかたちで死者に特定のポーズをとらせて置いている。副葬品を供えることもある。身体障害者や子どもを丁寧に葬っているし、死者に傷をつけたと思われるものもあり、多くの儀礼行為が伴っていたようである。これによって、ネアンデルタール人は確実に象徴機能をもっていたことがわかるのである。

文化を、継承され発展するものと考えると、道具や行為は連続しており、ネアンデルタール人はヒトと分ける必然性はないといえるだろう。

7. 花を愛でることの意味するもの——むすびにかえて

人はなぜ花に惹かれるのだろうか。もし食料として身体の維持に役立てるだけならば、それは色や匂いでムシやトリを誘うことで子孫存続に利用しようとする、花の戦略にうまうまとのせられたものであり、その意味では、理にかなったものだと言えるだろう。

しかし、どうもそれだけではなさそうだ。花で身体や装置を飾ること、さらには花を絵や彫刻で表現して利用することをヒトは古くから行なってきた。それは、歴史や民俗の記録から明らかだし、今の私たちもやっている。その基底には花が美しいと感じる、ヒトの「特別な意識」があるようだ。そうでなければ、栽培や品種改良によって、より大きく、色鮮やかな花をつくり出してきたことを説明できないだろう。

もちろん、問題はそこにとどまらず、階級社会が生れた時には地位や権威を示すための象徴表現となり、さらには宗教という問題にまで及び、個人的にはおしゃれや劇の場の変身にまで至るのだと思う。つまり、花を論ずることは美意識としてあらわれる文化、つまり、身体より心を論ずることになるだろう。

ネアンデルタール人が埋葬のとき死者に花をささげ哀悼の念を示したという仮説によって、私たちはヒトの心の発達の問題に踏み込むことになった。しかし、ほんとうは、埋葬した行為が大切なのであって、花はそれにスポットライトを当て、きわだたせたにすぎない。これは、人類進化という問題において、ヒト以前の段階にあるとされているネアンデルタール人をどう見るかの問題にかかっているのである。ネアンデルタール人の形質は偏差値を大きく取ればヒトの範囲のなかに十分入るもので、むしろ寒冷地適応やボトルネック現象、開拓者効果による地域的変化と考えるべきであろう。[5] したがって、文化（ヒトがつくった道具や行動の跡が分かる遺構）という視点から見れば、一連の流れとしてとらえられるのではないか。するとネアンデルタール人はヒトとしてとらえるべきであろう。

ネアンデルタール研究は人種や階級に対する偏見の強かった一九世紀のヨーロッパで始まった。ところが、ソレッキの花に託した「心」の仮説は、公民権運動に代表されるように、戦争に反対し、人種差別を否定しようとする六〇年代のアメリカで起こった。その問題は今も解決されているわけではない。また最近ではそれに加え、動物愛護や環境問題が持ち上がっている。このような、時代のもつ縛りや要望を考慮しながら論を進める、学者も時代の子であることを強く感じる。

花というものを、夢をふくらませながら、もう一度考えてみたい。狩猟採集にしろ、農耕にしろ、ヒトの生活は季節に左右される、それは特定の獲物や収穫物の到来時を知らせるものだからだ。花が、絵や彫刻のかたちで表現されるのは、時代的に言えばずっと遅れ、確実なところでは、都市文明が生まれた五〇〇〇年前のことである。しかし、それだからといって、ヒトが花に興味や意義を見出さなかったとはいえないだろう。特定の事象が突然出現し消えるとことは文化現象としてしばしば見受けられることである。六万年前のあの時、ネアンデルタール人が花に対して持っていた心を、あのようなかたちで私たちに示したのではないかと、夢をふくらませながら考えることにしたい。

参考文献

赤澤威編著『ネアンデルタール人の正体』朝日新聞社、二〇〇五年

*これは、一九六七年から三〇年以上にわたって、東京大学人類学教室が中心となって行なった、西アジアでの発掘調査のまとめとして一般公開されたシンポジウムの記録である。本論は基本的にこの情報によることにした。註番号の（1）赤澤威（2）内田信子（3）米田穣（4）河内まき子（5）片山一道は、それぞれの発表記録である。現在ネアンデル

タール研究はたいへん盛んで、情報が日々変わっているといえるほどだ。新しい情報はWikipediaで補ったものがある。

ＮＨＫ取材班『ＮＨＫサイエンス スペシャル　驚異の小宇宙・人体Ⅱ　脳と心　心が生まれた惑星［進化］』日本放送出版協会、一九九三年
海部陽介『人類がたどってきた道』ＮＨＫブックス、二〇〇五年
村上陽一郎ほか「人間の〝心〟とは何か」『日経サイエンス』三七―一、二〇〇七年、一〇六～一一三頁

第3章

花を愛でれば人間か？

人類進化研究に読み込まれた解釈

大西秀之

1．花を愛でる心のあり処

人は、なぜ花を愛でるのか？　この一見素朴な問いかけに答えることは、少なくとも、私にとっては決して容易ではない。むしろ、この問いかけは、非常に複雑で難解な問題を孕んでいる、と思えてならない。

「なぜ」に答える前に、まず「人は花を愛でる」と無前提にいえるのか、という疑問が湧き上がる。そもそも、「花を愛でる」とは、どういうことを表しているのであろうか。それは、花を美しいと思う「感性」なのか。あるいは、花を観賞する「行為」なのか。はたまた、儀礼や祭典などに花を使用する「慣行」のことなのか。そのような考えを巡らしていくと、どれをとっても「花を愛でる」ということが、人間にとって普遍的なことではないように思えてくる。

実際、花の観賞や花の儀礼・祭典での使用などは、どれも個別の文化によって規定されていると見なすべきである。では、人間ならば必ず花を「美しい」と感じるか、と問われれば返答に窮せざるをえない。というのも、ほかならぬ私自身が、つね日頃、取り立てて花の「美しさ」に関心を払っている人間ではないからである。もっとも、こんな私でも、桜の季節になれば、どこそこかの名所に花見にでも行こうかと思ったりもする。ただ、そういった感覚は、決して生得的なものではなく、日本社会に生まれ育ったため知らず知らずのうちにすり込まれた文化的所産に過ぎない、とも考えられなくはない。

こうして改めて内省してみると、私個人に限定しても、はたして本当に花を「美しい」と感じ入っているか、だんだん怪しくなってくる。自分自身についてさえこうなのだから、他人が「花を愛でている」ということを、どのように考えるべきか、漠たる思いにさいなまれる。こんな逡巡を強いられるうちに、「花を愛でる」ことが人類に普遍である、と断定することなどほとんど不可能なことのように思われてならなくなる。このように、「なぜ」にたどり着く前に、解かなければならない数多くの問いが待ちかまえているのである。

ところが、その反面、「花を愛でる」という表現に関わる認知や行動は、何か人間にとって特別なものである、とどこかでわれわれは考えてしまっている。こう言明すると、とたんに数々の反論や懐疑が寄せられることが予想される。

しかし、花の周りを舞飛ぶ蝶や蜂を見て、それらの昆虫が「花を愛でている」と誰が思うだろうか。また逆に、自分の飼い犬や飼い猫が、美しい――とわれわれが思う

──花をじっと見つめていたとしたら、わずかでも自分と同じ感覚を共有しているのではないか、との思いが頭を巡るのではないだろうか。つまり、それが事実であるか否かは別として、同じように花と対峙していたとしても、蝶や蜂は昆虫であるが故に「花を愛でる」ことを否定し、飼い犬や飼い猫は愛おしい「家族」であるが故に「花を愛でる」可能性を感じてしまう。この判断には、人間との距離の遠近が──無意識的であれ──計られているのではないだろうか。換言するならば、そこには、生物として人間にどれほど近いか、われわれの認知や行動をどこまで投影できる対象か、という認識が介在しているといえよう。

以上を踏まえ、本稿では、現在のわれわれのような認知や行動が、いつの時点から獲得されたのか、という問いの下に人類進化の研究を概観する。ただし、ここでは、その真偽を明らかにすることを主たる目的とはしない。むしろ、人類進化という膨大な時間軸を対象とする研究者たちが、どのような資料・データを取り上げ、なにを根拠とし、どんな論点から人間の認知や行動を論じているか、という点に着目する。いささか婉曲的ではあるが、このような検討を行うなかから、「花を愛でる」という捕らえどころのない対象について考えてみたいと思う。

2．人類進化の道程

現生人類の認知や行動を考える前提として、ここでは、人類進化に関わる研究を概観する。なお、人類進化を研究する分野は、遺伝学、人類学、考古学など多岐にわたるが、可能な限り個別分野を越え共有されている成果を提示する。

人類進化に関しては、これまでのところ定説とされるものは少なく、日進月歩の調査研究の進展によって新たな仮説が提起されている。その反面、現在まで一般社会において共有されているのが、われわれ現生人類に至るまでの段階として設定されている猿人→原人→旧人→新人の四区分である。この四区分は、人類進化研究の最前線にからすると過去の遺制である感は否めないが、以下では議論を整理するため、ひとまずこの区分にしたがって記述する。

猿人　猿人とは、現生人類に至る最初の進化段階に位置づけられる、初期人類の総称である。また、この段階の資料は、アフリカ大陸のみからしか発見されていない。

近年、分子系統学によって、われわれ人間とチンパンジーの遺伝子は、非常に近縁であることが明らかとなった。[*一] さらに、ヒトの系統とチンパンジーの系統は、約五〇〇万～六〇〇万年前に分岐した、と推定されている。[*2]

しかし、この分子系統学の仮説を裏付けるような化石人骨は、現時点では発見されていない。現在知られている最古の猿人は、ラミダス猿人と呼ばれる四五〇万年前の化石人骨である。もっとも、この資料は、下顎のみであるため、彼らの生物学的特徴や行動様式などの詳細は明らかにされていない。

これに対し、現世人類の直接の祖先と想定されている資料は、約三〇〇万年前とされるアファール猿人（アウストラロピテクス・アファレンシス）の化石人骨（図1）である。また、このアウストラロピテクス属に分類される――アファレンシス以降の――化石人骨は、大地溝帯を中心としたアフリカ大陸の各地から発見されている（図2）。

その結果、アウストラロピテクス属の猿人の特徴が明らかとなってきた。まず、骨格（図3）などから、彼らが二足歩行をしていたことが窺われている。[*3] 他方、彼らの脳容量は、アフリカ大陸の大型類人猿と、さほど変わらない四〇〇ml程度であったと概算されている。加えて、現在まで、猿人が道

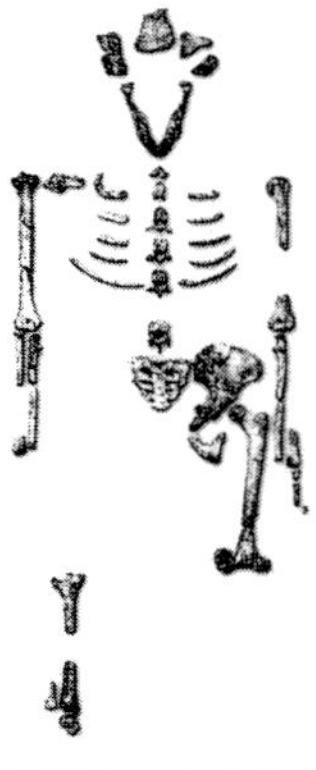

図1　アウストラロピテクス・アファレンシスの頭骸骨（群馬県立自然史博物館）
図3　アウストラロピテクス・アファレンシスの全身骨格［出典：『世界史アトラス』集英社］

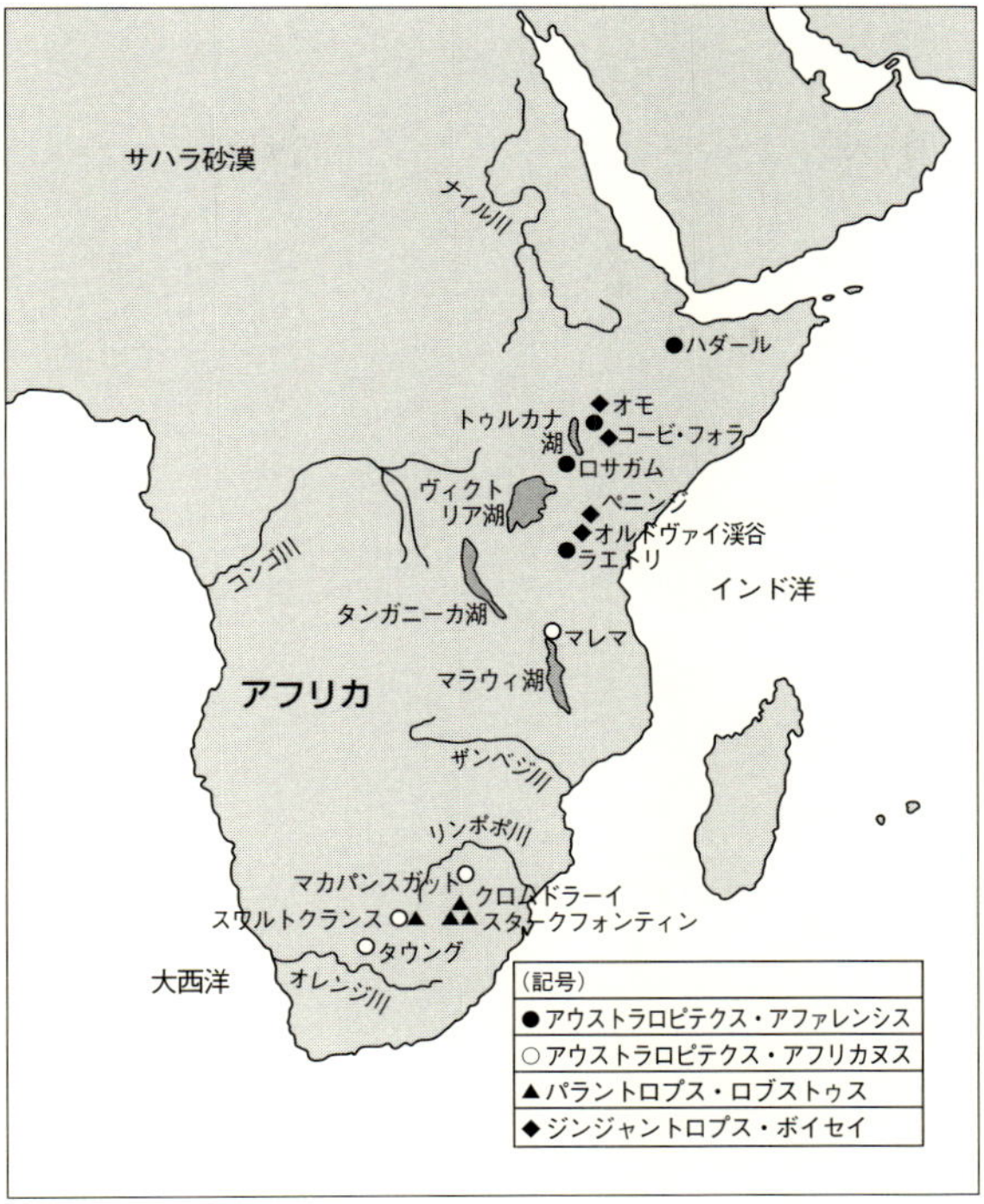

図2　初期人類の出土地
［『世界史アトラス』（集英社）等をもとに作成］

具を使用したという明確な痕跡は検出されていない。
以上から、二足歩行を除くと、猿人の能力は、現代人よりも、むしろ類人猿に近いといえる。[*4] 換言するならば、猿人は、その後の人類進化を方向づける、大脳の発達と道具利用という要素を備えるに至っていなかったのである。

原人　原人は、猿人の次の段階に位置づけられる古人類の総称である。その出現は、約二五〇万年前以降とされている。他方、原人は、生物学上はわれわれ現生人類と同じホモ属（ヒト属）に分類されている。また、原人は、一般に、ホモ・ハビリスとホモ・エレクトゥスに二分される。

最古のホモ・ハビリスは、アフリカのオルドヴァイ渓谷で発見されたものである。ほかにも、ハビリスに分類される傍系種の存在が確認されている。最初期のハビリスは、すでに脳容量が六〇〇～七〇〇mlを誇り、類人猿やアウストラロピテクスの五倍に達していた。さらに、彼らは、粗雑ながら石器（オルドワン型石器）（図４）を作製し使用していたことが、[*5] オルドヴァイ渓谷の発掘調査から明らかにされている。

ホモ・エレクトゥスの出現は、ハビリスに遅れ約一八〇万年前とされている。エレクトゥスの脳容量は、ハビリスよりもさらに大きく約八〇〇～一〇

図４　オルドワン型石器［出典：木村有紀『人類誕生の考古学』同成社］

〇〇mlに達していた（図5）。また、約一四〇万年前になると、彼らは、アシュレアン型ハンドアック（図6）と呼ばれる、両面を複雑に加工した石器を作製するようになる[*8]。

ところで、「トゥルカナ・ボーイ」というネームで知られる、約一四〇万年前のエレクトゥスの少年（推定年齢一一歳）の化石人骨は身長が一六八cmあり、現代人に近いプロポーションをしていたことが知られている[*7]（図7）。ここから、エレクトゥス段階になると、現代人のような直立二足歩行がほぼ完成していたと考えられている。加えて、こうした直立二足歩行は、結果として長距離移動を可能にしたようである。事実、「北京原人」や「ジャワ原人」などの存在が示すように、原人の化石人骨は、アフリカのみならず遠くアジア地域でも発見されている。

以上のように、原人は、完全な直立二足歩行、脳容量の急激な拡大、複雑な道具の製作・使用といった、まさにわれわれ現生人類に繋がる能力を獲得していたと想定される。

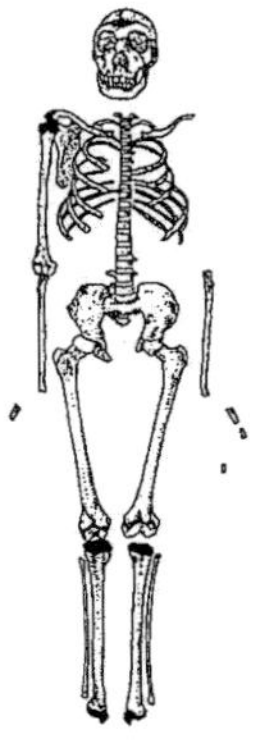
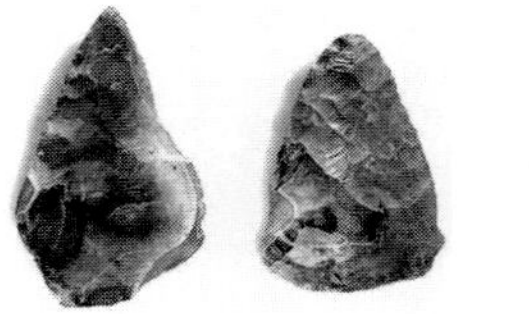
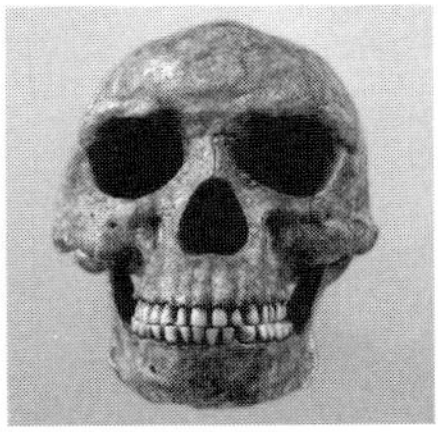

（右）図5　ホモ・エレクトゥスの頭骸骨（群馬県立自然史博物館）
（中）図6　アシュレアン型ハンドアック［出典：『世界史アトラス』集英社］
（左）図7　トゥルカナ・ボーイ［出典：朝日ワンテーマママガジン47『人間性の進化を解く』朝日新聞社］

しかも、その能力は、一〇〇万年単位という進化的な時間スケールではあるものの、ハビリスからエレクトゥスに移行するなかで着実に発展を遂げていたのである。いずれにせよ、原人段階は、ヒト化（ホミニダイゼーション）の基礎が備わった画期と見なすことができる。

旧人　旧人とは、元来、ネアンデルタール人を指す名称であった。ネアンデルタール人とは、ヨーロッパを中心に西アジアから中央アジアにかけて分布していたとされるヒト属の一種（一亜種）である。また、現在の定説では、彼らは約二〇万年前に出現し約三万年前に姿を消したとされている。[*8]

ところで、近年、ネアンデルタール人よりも早い二〇万年前以前に出現し、ホモ・エレクトゥスと現生人類（ホモ・サピエンス・サピエンス）の移行期に位置づけられる「古代型サピエンス」というグループの存在が、ヨーロッパを中心にアフリカやアジアなどの広範な地域で確認されている。[*9] 古代型サピエンスは、約五〇万年前に原人から進化した現生人類の直接の祖先と考えられている。また、ネアンデルタール人は、今日、初期の古代型サピエンスから現生人類とは異なる分岐を遂げた一派と位置づけられている。こうしたことを考慮し、ここでは、古代型サピエンスに関して論じることとする。

古代型サピエンスは、頭蓋骨の眉部分が張り出した「眼窩上隆起《がんかじょうりゅうき》*10」などの「原人」的な形質が認められるものの（図8）、全体的には現生人類に近い形質を有していたと想定されている。*11他方で、脳容量は、現代われわれの平均一四〇〇mlよりも大きい一五〇〇mlにも達し、石器製作に関しても一〇～二〇万年前の間にルバロワ技法*12と呼ばれる、定型的な剥片を作り出す技術を発展させる。また、彼らは、死者の埋葬や弱者の介護などを行っていた可能性が指摘されている。*13ただ、装飾品や絵画などといった精神活動を窺わせる明確な痕跡は発見されていない。

上記のように、古代型サピエンスは、現生人類に類比しうる身体形質と脳容量を獲得していたと考えられる。また、道具の製作・使用という点で技術的発展を見せ、また死者の埋葬や弱者の介護などを行っていたことが窺われることから、われわれ現生人類に近い社会的行動を取りうる能力を有していたと推察される。ただ、精神活動に関しては、装飾品や絵画などの痕跡が検出されていないことから、その社会的行動がどのレベルまで達していたか明らかではない。*14

新人　新人は、われわれ現生人類である、現代型サピエン

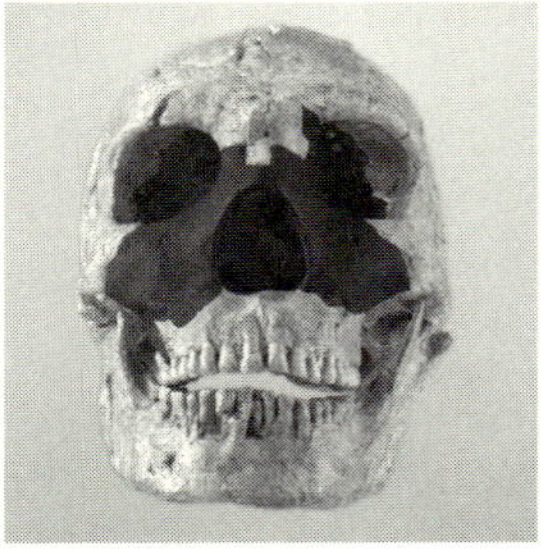

図8　古代型サピエンス（ネアンデルタール人）の頭骸骨
（群馬県立自然史博物館）

ス（ホモ・サピエンス・サピエンス）を指す用語である。新人は、ネアンデルタール人が旧人と呼ばれたことに対する意味が込められている。ただ、ネアンデルタール人と現生人類の直接的な進化関係が否定されたことから、現在では新人という用語はほとんど使用されていない。

現代型サピエンスは、約一三万年前に出現したと考えられている。他方、その起源に関しては、「単一起源説」と「多地域進化説」という相異なる二つの仮説が提起されている。[*15] 単一起源説とは、現代型サピエンスはアフリカで出現し、その後世界中に拡散していった、という仮説である。他方、多地域進化説とは、現代型サピエンスはアフリカのみならずヨーロッパやアジアなど各地域に暮らしていた、エレクトゥスや古代型サピエンスから個別に進化したという仮説である。[*16]

ところで、われわれ現生人類は、現代型サピエンスという種《しゅ》として、約一三万年前から今日まで進化していないこととなる。換言するならば、現代型サピエンスとして出現が確認されて以降、身体形質や脳容量など生物学的な特徴や能力は、基本的にまったく変わっていないといえる。

しかし、いわゆる文化的側面については、生物としての側面とは異なる傾向が窺われる。現代型サピエンスの文化的側面は、その出現から数万年間さほど変化のない期間が続いた。この期間に製作・使用されていた石器は、古代型サピエンスから継承した技術を基盤とするものであった。この他、食物獲得に関しても、古代型サピエンスと同じような狩猟採集活動を送っていたと考えられている。[*17]

ところが、約四万年前を境に顕著な変化が認められるようになる。まず、石器製作技術が石刃技法[*18]に移行し、定型的な剥片石器が大量に生産されるようになる。これ以降、石器製作の変化が急速になるとともに地域性が認められるようになる。また、石器以外の道具として、この時期から骨角器（図9）の製作・使用が認められるようになる。

さらに顕著な特徴として、三〜四万年前頃から装飾品、偶像（図10）、洞窟壁画などが出現するようになる。このため、現代型サピエンスは、同時期を境に芸術活動や儀礼行為などを開始したかに見える。この現象は、「文化のビックバン」[*19]と呼ばれることがある。

以上から、われわれ現代型サピエンスは、生物として進化していないにも関わらず、三〜四万年前を境に急速に文化的側面を変化させたことが窺われる。加えて、この時期の特徴として、精神

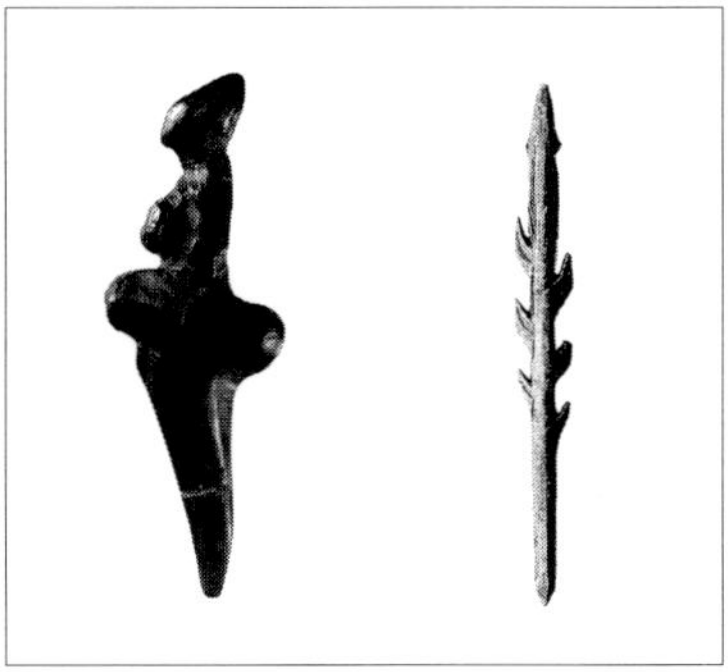

（右）図9　骨角器［出典：『世界史アトラス』集英社］
（左）図10　ヴィーナス像［出典：『女のイマージュ』藤原書店］

的側面といえる芸術活動や儀礼行為などの痕跡が数多く遺されるようになる。ここから、精神的側面を含めた人間の文化形成は、生物としての人類進化とは異なるレベルで論じられていることが確認できる。

3.現生人類との同一視

前節では、大づかみに人類進化を概観した。これを踏まえ、まず、人類進化のなかで注目されていた要素を確認する。その要素を列挙すれば、直立二足歩行、身体形質、脳容量、道具使用・製作、社会的・精神的行動をあげることができる。これらは、現在のわれわれに至る人類進化のなかで、どの段階で獲得されたのかが問題となっていた。

人類を特徴づけるものとして、最初に登場するのが直立二足歩行であった。ここから、森を出て二本足で立ち上がったことが、人類と類人猿を分ける進化の分岐点として位置づけられていることが指摘できる。また、身体形質や脳容量をはじめとするヒト化(ホミニダイゼーション)は、直立二足歩行の後、四〇〇万年を超えるタイムスケールのなかで段階を経て獲得されていったものであった。加えて、技術的発展や社会的行動、さらには芸術活動や儀礼行為などの認知や行動もまた、この進化の過程を経て獲得されたものであった。

ところで、これまで無前提に「人類」という言葉を使用してきたが、猿人や原人はいうまでもなく、ネアンデルタール人を含む古代型サピエンスまでを含め、生物学的には別の種ないし亜種とされている。とするならば、「人類」という範疇に一括りに含まれてはいるものの、猿人や原人さらには古代型サピエンスの行動様式や認知能力は、同じ人間としてではなく、異なる生物のそれとして認識すべきものとなる。やや極端な表現ではあるが、猿人から古代型サピエンスまでの「人類」と、他のすべての生物との違いは、現在のわれわれ現生人類（現代型サピエンス）との進化上の距離の差に過ぎない、と見なすことができる。

上記のような認識は、あえて指摘するまでもない、基礎的な再確認と思われるかもしれない。だが、この認識は、ともすれば忘却され、初期人類や古代型サピエンスをわれわれと同一視してしまう傾向が窺える。

その最たる事例としてあげられるのが、シャニダール洞窟におけるネアンデルタール人の「埋葬遺構」である。同遺跡では、ネアンデルタール人の人骨と数種類の花粉が発見されたことから、ここでは「死者を悼む」ために花が副葬品として添えられたのではないか、という仮説が提起された。この仮説に対しては、現在まで数多くの賛否が寄せられている。

しかし、その正否はどうであれ、ここにはひとつの問題が指摘できる。それは、仮にネアンデルタール人が遺骸の脇に花を置いていたことが事実であったとしても、その行動が「死者を悼んだ」ものであった、となぜ見なされるかである。

いうまでもなく、この仮説には、われわれは死者に花を手向けるとき、たぶんに「追悼」の意味を込めている、したがってネアンデルタール人も「当然」同じ気持ちを有していたのであろう、という同一視が前提として読み込まれている。こうした読みは、ネアンデルタール人が、われわれとは異なる生物であることを無視したものである、といっても過言ではないだろう。また、もしこれが成り立つならば、子育てをしている動物に「親子の愛情」の物語を付与することも、花を凝視しているペットを見た飼い主が自分と同じように「花を愛でている」と思うことも、単なる寓話といえなくなる。

もっとも、このような批判に対しては、ネアンデルタール人は現生人類を上回る脳容量を保持しており、他の動物の認知能力とはレベルが違う、という反論が寄せられるかもしれない。さらには、その実例として、ネアンデルタール人が「死者の埋葬」や「弱者の介護」を行っていたと見なすことができる痕跡を指摘することも予想される。

しかし、こうした反論は、結局のところ、ネアンデルタール人が他の動物よりも相対的に、われわれ現生人類に近い認知能力を有していた可能性を主張しているに過ぎない。ネアンデルタール人が「死者の追悼」のために花を添えたというためには、彼ら――という表現自体が既に同一視であるが――は異なる生物でありながら、われわれと同じ認知能力を有していたことを証明することが不可欠となる。[*20] そして、そうした証明は、現在までのところ行われていない。また、今日まで知られている道具使用・製作や社会的・精神的行動などから窺う限り、ネアンデルタール人と現生人類の認知能力には、ある一定の質的な格差があったとの考えが一般的である。[*21]

以上を是認するならば、結局、現生人類以外の行動に、なんらかの文化的意味を読み取ろうとすることは、われわれに最も近縁とされる古代型サピエンスであったとしても、現時点では生物学的な裏づけのないものとなる。そういった意味で、シャニダール洞窟の「埋葬遺構」に関わる論争は、一般社会のみならず、生物学的な厳密さと慎重さをもって人類進化を追究している研究者までもが、往々にして、こうした裏づけのない解釈に陥ってしまう事例と見なすこともできる。

4・では現生人類ならば花を愛でるのか？

古代型サピエンス以前の「人類」は、基本的に異なる生物であるがゆえに、たとえ類似したように見える行動であったとしても、短絡的に現生人類と同一視できないことを確認した。とすれば、次に問題となるのは、現代型サピエンスの行動であれば、われわれとの同一視が可能となるか、ということである。

この問いに対して、生物としての生得的能力のみを前提とするならば、当然答えは「可能」となる。だが、現生人類の誕生から今日までの歴史を踏まえたとき、そう簡単には「可能」と答えられなくなる。というのは、すでに「新人」の項で確認したように、現生人類である現代型サピエンスは、生物としては一三万年前以降まったく進化していないにも関わらず、約四万年前を境として急速に文化的側面を発達させた「文化のビックバン」を経験しているからである。

「文化のビックバン」を是認するならば、現代型サピエンスは生物学的・生得的能力とは別に、精神面などの文化的能力を発展させたこととなる。とすれば、現在のわれわれと四万年前以前の現代型サピエンスは、同じに見える行動であったとしても、まったく異なるメンタリティ＝認知パターンに基づいていた可能性が否定できなくなる。つまり、四万年前以前の現代型サピエンスは、同じ生物でありながら、無前提にわれわれと同一視した解釈ができない存在となる。

もっとも、「文化のビックバン」は、現在までのところ四万年前以前を遡る芸術活動や儀礼行為などを窺わせる痕跡が発見されていない、という考古資料の有無のみを根拠とした仮説に過ぎない。このため、痕跡がないだけで、四万年前以前の現代型サピエンスが芸術活動や儀礼行為を行っていなかったことが立証されているわけではない。

とはいえ、現時点で、「文化のビックバン」の正否を問うことは、出口のない堂々巡りに陥る。なぜなら、肯定論も否定論も、どちらも――痕跡がないから認知や行動がなかった、いや痕跡がないから認知や行動がなかったとはいえない、という――可能性を述べているに過ぎず、結局のところ論証できるような議論ではないからである。

以上の議論から導くことができる結論は、唯ひとつである。それは、われわれは、未だに自分たちの認知や行動に関して、どこまでが生得的でどこからが後天的か、完全には理解していない、ということである。であるならば、少なくとも、人類進化の研究からは、「花を愛でる」という認知や行動が、われわれにとって生得的か後天的かなど、とうてい明らかにすることはできないだろう。

むしろ、これまでの検討が教えてくれたことは、「人は、なぜ花を愛でるのか？」という問いが、そもそも無前提に成り立つものではない、ということにほかならない。実際、現生人類が「花を愛でた」と見なしうるような痕跡は、「文化のビックバン」から相当後の時代になってからである。*22 人類が「花を愛でた」痕跡は、さほど古く遡るものではないのである。

しかし反面、シャニダール洞窟の議論から、人類進化の研究においてさえ、人間が「花を愛でる」ことを自明視してしまう傾向が窺われた。ここから、生得的か後天的かに関わらず、「花を愛でる」という認知や行動は、現在のわれわれにとって特別な意味を持つものであることが読み取れる。

それにしても、「人は、なぜ花を愛でるのか」という問いは、なぜこれほどまでにわれわれを強く引きつけるのであろうか。私にとっては、決して解くことのできない自らの心の深層への問いかけと思えてならない。いや、だからこそ、この問いは、われわれを引きつけて放さないのかもしれない。

註記

＊1　比較方法によって差異はあるものの、人間とチンパンジーは、約九六〜九九％の遺伝を共有していると考えられている。

＊2　木村 二二頁、長谷川・長谷川 八八〜八九頁

＊3　タンザニアのラエトリ遺跡では、約三七〇万年前とされる二足方向をした猿人の足跡が検出されており、初期人類が二足歩行をしたという最古の直接的な証拠である（長谷川・長谷川 一〇三頁）。

＊4　長谷川・長谷川 一〇三〜一〇四頁、木村 四八〜五一頁

＊5　木村 七七〜八〇頁

＊6　アシュレアン型ハンドアックとされる最古の資料として、アフリカ・エチオピアのコンソで発見された約一七〇万年前と考えられるものがある（木村 一〇〇〜一〇二頁）。

＊7　長谷川・長谷川 一〇五〜一〇六頁、木村 八七頁

＊8　ネアンデルタール人の年代観に関しては、現在、いくつかの異なる見解が提起されている。まず、その出現年代については、最も古く見積もる年代観で約三五万年前とされている。もっとも、こうした年代観は、三五万年前に遡る化石人骨を、別種の古代型サピエンスではなく、ネアンデルタール人と見なしているためである。他方、終末（絶滅）年代に関し

ては、三万年前以降もネアンデルタール人が生存していた可能性が、スペイン・イベリア半島南端に位置するジブラルタル沿岸の洞窟の調査から提起されている。

＊9　木村　一一五〜一五一頁

＊10　奈良　四〜五頁

＊11　ただし、ネアンデルタール人の身体形質に関しては、相対的に現生人類よりも大きくがっしりとした筋肉質であったと考えられている。

＊12　木村　一四三〜一四七頁

＊13　木村　一四一〜一四二頁

＊14　奈良　四七〜七四頁

＊15　長谷川・長谷川　一一三頁、木村　一六一〜一六六頁

＊16　この二つの仮説は、現在まで論争が続いており決着を見ていないが、遺伝研究の分野では単一起源説を支持する「イブ仮説」と呼ばれる仮説がある。それは、母親を通じてしか継承されない遺伝子であるミトコンドリアDNAを分析すると、われわれ現生人類の起源はサハラ以南のアフリカに暮らしていた唯一人の女性にたどり着くというものである（長谷川・長谷川　一一三頁）。イブ仮説に関しては、少なからず異論や反論が出るものの、現生人類の起源に関するひとつの有力な見解となっている。

＊17　木村　一七〇頁

＊18　木村　一七六〜一七八頁

＊19　ミズン　二〇一〜二〇二頁

＊20　「死者の埋葬」や「弱者の介護」に関しても、それが現生人類の社会行動とどれほど類似していたとしても、ネアンデルタール人と現生人類の認知能力の同一性が証明されない限り、同じ観念体系に根ざしたものとの結論を導くことはできない。

＊21　ミズン　一九三〜一九八頁

＊22　本書のなかで小川勝が論じているように、最終氷期（一万年前）以前の洞窟壁画のなかには、花を描いたものは認められていない。また、本書で渡辺千香子が示しているように、人類史のなかで花の図柄が登場するのは、エジプト文明やメソポタミア文明などの成立以降のようである。

参考文献

木村有紀『人類誕生の考古学』同成社、二〇〇一年

奈良貴史『ネアンデルタール人類のなぞ』岩波書店、二〇〇三年

長谷川寿一・長谷川眞理子『進化と人間行動』東京大学出版会、二〇〇〇年

M・ミズン『心の先史時代』松浦俊輔・牧野美佐緒訳、青土社、一九九八年

第4章

メソポタミア・エジプトの文明と花

渡辺千香子

はじめに

色鮮やかで香りのよい花を前にした時、私たちが「美しい」と感じるのは、いつの時代にも共通する普遍的なことのように思われる。しかし、いったい古代の世界では、「花」はどう捉えられていたのだろう。古代の文化について考える時、私たちは現代の社会で常識と思われていることが、古代社会においても当然「常識」であったろうと、不用意に思いがちではないだろうか。古代の文化現象を「学問」として扱う際には、対象を客観的に観察・分析することが求められる。そこで問題となるのは、「データ（証拠）」と、その客観的な「解釈」である。すなわち、いったいどのようなデータが存在するか、そしてそのデータから何がいえるか、ということがポイントとなる。データをもとに、古代社会におけるものの見方を解釈しようとする時、私たちはそのプロセスの中で、普段当たり前だと思っている事柄（思い込み）を完全に排除することは難しい。なぜなら、私たちは自分の思い込みを、普段ほとんど意識することなく生きているからだ。

しかし、私たちにとっての常識は、実は私たちが生きている社会の、特定の時代と地域においてのみ、常識として通る概念である。ゆえに、それを無神経に他の文化や時代に押し付けると、解釈の客観性を完全に欠くことになってしまう。また、解釈の内容も、どのような角度から光を当てるかによってかなり変化するので、光を当てた角度について明確に意識し、解釈の根拠を明らかにしない限り、単なる思い込みでしかなくなってしまうこともある。この章では、解釈にからむこういった難しさを視野に入れながら、メソポタミアとエジプトの文化における花に関するデータを通して、当時、花がどのように捉えられていたかを考えていきたい。門外漢の私がエジプトについて論じるのには限界があり、おこがましい限りであるが、どうかお許しいただきたい。

1.エジプトとメソポタミアの概要

メソポタミアとエジプトの文明は、それぞれ独自の発達段階を経ながらも、紀元前三〇〇〇年頃になると、ほぼ時を同じくして、文字による記録をともなった歴史時代へと移行する。以来、メソポタミアは前五三九年にアケメネス朝ペルシャに滅ぼされるまで、また、エジプトは前三三二年にアレクサンドロス大王の東征軍によって王朝時代が終わりを告げるまで、両者は盛衰を繰り返しながらも、ほぼ同じ時期に並行して栄えた。メソポタミアは現在のイラクにあたるティグリス・ユーフラテス両河の流域に展開し、ナイル河流域に栄えたエジプトとは、地理的にそれほど離れていたわけではない。しかしながら、このふたつの文明は、さまざまな点で対照的ともいえる特質を呈する。

メソポタミアは、外部から他民族の侵入を受けやすい地理的条件のもとにあったため、多くの王朝が栄えては滅びる歴史を繰り返した。そのため、美術の様式をはじめとするさまざまな文化の特徴は、時代や王朝によって、かなり異なる様相を呈する。また、この地で発明された楔形文字は、メソポタミアで実際に使われたシュメール語とアッカド語の表記だけに限らず、周辺地域にも伝わって、ヒッタイト語やフリ語など、他言語の表記にも広く使われた。楔形文字によって記されたメソポタミア初期の文献は、その大部分が、現実的な内容を扱った「経済文書」であった。

一方のエジプトでは、南北に流れるナイル河の細長い流域に沿って人々が居住し、その両側に広がる砂漠は、天然のバリアとして、外敵の侵入を防ぐ役割を果たしていた。その結果、外部からの影響を受けずに発達した独自の文化が、三〇〇〇年におよぶ歳月の中で、ほとんど変わらず維持し続けられることとなった。エジプトで発明されたヒエログリフ（象形文字）に代表される文字や、特徴ある美術の様式は、わずかにナイル河上流のヌビアに伝わったのみで、それ以外の地域へ広く伝播することはなかった。また、エジプトの文献は、ごく初期の段階から、「永遠の来世」に重きを置く世界観を反映して、宗教的な内容のものが圧倒的に多かった。

これらふたつの文明は、時代的には同じ頃に繁栄していたとはいえ、自然環境や世界観・死生観の違いから、それぞれ異なる価値観に基づいて文化が形成された。「花」に対する人々の考え方も、このような文化背景を反映して、大きく異なっていたことが考えられる。以下、メソポタミアとエジプトの文化において、花がどのように捉えられていたかを中心に、古代西アジアには「花を愛でる」習慣があったのかどうか、その痕跡を辿っていきたいと思う。

2. 新石器時代

西アジアの領域で、人間が描いた「花」と解釈される最古の作例は、紀元前七〇〇〇年頃に遡る。トルコの中央アナトリア南部に位置する遺跡チャタル・フユックからは、新石器時代の建物の遺構が数多く出土している。この遺跡は、牛の頭部をかたどった装飾や狩猟の壁画が多く出土したことで知られるが、その一角から「花畑」と解釈される壁画が発見された（図1）。そこには、赤い枠組みで囲まれた中に、白い顔料で「円」が描かれ、その中央に花心を表す丸い点が表現される。チャタル・フユックの遺跡は、現在も発掘調査が進行中だが、壁画は当時なんども重ねて塗り直されており、顔料が幾層にも重なった状態で出土する。下の層に描かれている壁画を見ようとすると、その上に塗り重ねられている層を破壊せざるを得ず、保存がいかに困難であるかを物語っている。

「花畑」を描いたとされる壁画の場合も例外ではなく、上に重ねて描かれていた壁画には、やはり同じような囲みの中に、花の花心を示す小さな円と、その周囲に広がる四枚ないし六枚の花弁が描かれていた（図2）。ひとつひとつの花を囲んだ枠組みの中には、中央にイモムシのようなものを描いた作例もあり、一九六〇年代前半にこの壁画を発掘した考古学者メラートは、この画面をミツバチなどの虫の生のサイクル、ならびに「花畑」を描いたものと解釈した。花畑とされる図像の上下には、人間の手形のようなデザインが、黒、赤、グレー、ピンクの顔料で描かれている。いうまでもなく、この図がミツバチの「生のサイクル」を扱ったものかどうかは、実際のところ、不明である。下の層に描かれていた「花」も、写真で見る限り、単純な「中心円」を

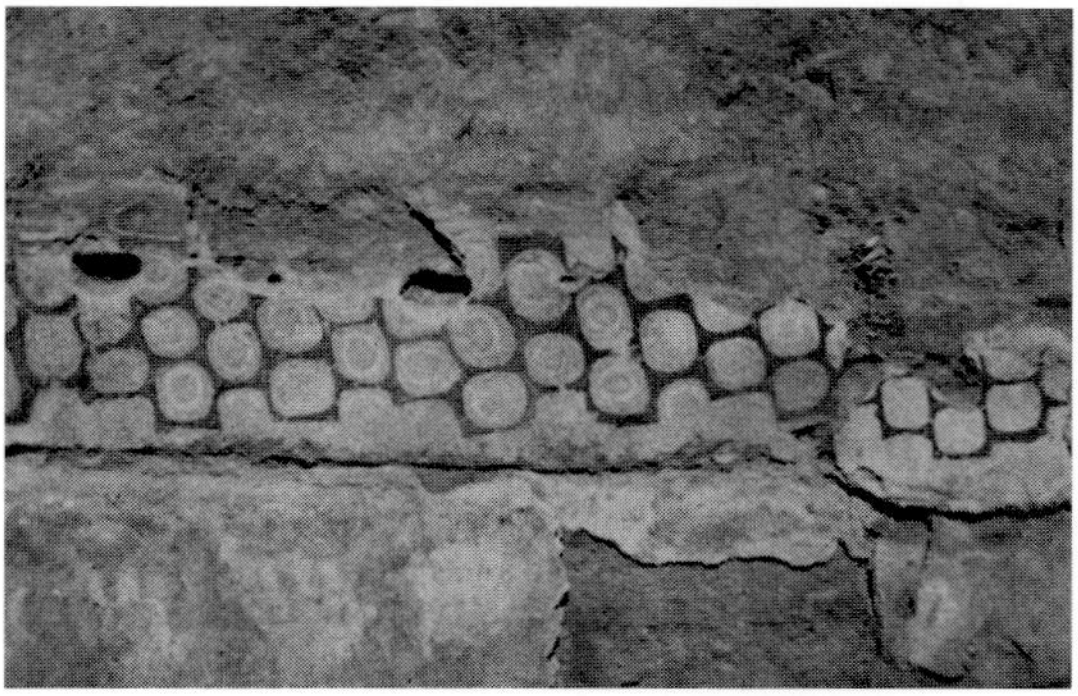

図1　新石器時代の「花畑」（重ねて描かれた壁画の下の層）　紀元前7000年頃　チャタル・フユック出土［出典：J. Mellaart, *Çatal Hüyük: A Neolithic town in Anatolia*, London, 1967, fig. 42.］

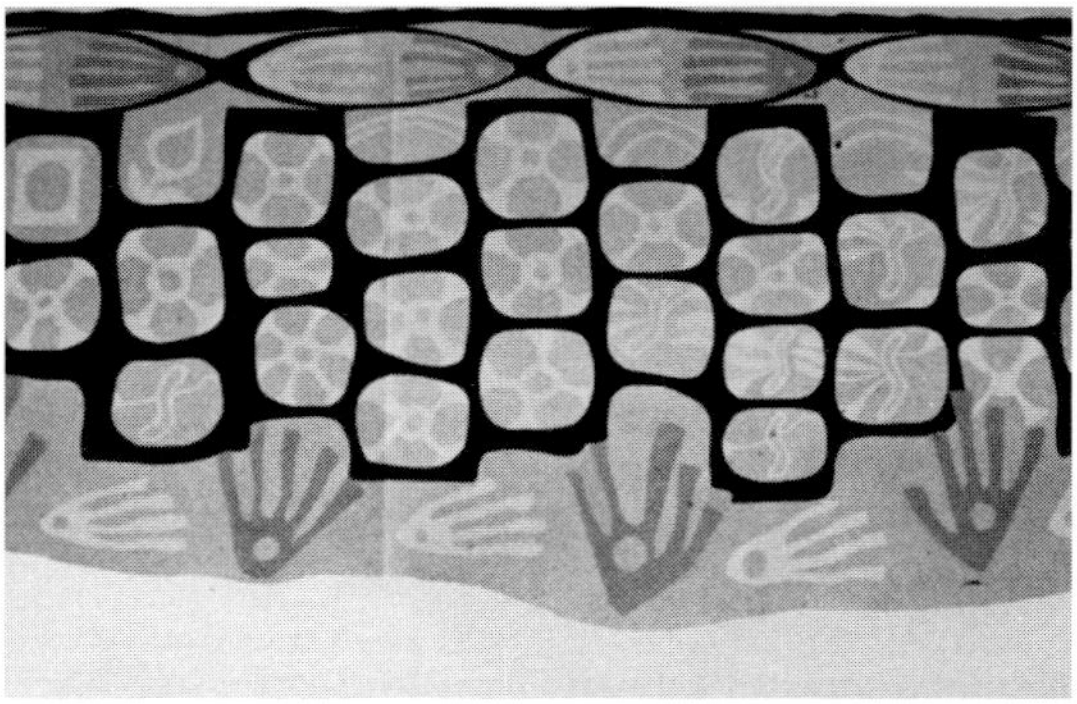

図2　新石器時代の「花畑」（重ねて描かれた壁画の上の層）の書き起こし図　紀元前7000年頃　チャタル・フユック出土［出典：J. Mellaart, *Çatal Hüyük: A Neolithic town in Anatolia*, London, 1967, fig. 41.］

取り囲む「円」から成るものや、花弁のように見える四〜五枚の小片が中心円を取り囲むものなどがあり、これらが確実に花を描いたものであるかどうかは、議論の余地あるところであろう。しかし、最も可能性の高いモティーフとして、「花」が挙げられることに疑いはない。そうであるならば、新石器時代の人々は、少なくとも「花」という存在に、いくばくかの思いを馳せ、それを壁画として建物の内装に取り入れることに、何らかの意義を見出していたことが推測されるのである。

その後、紀元前五〇〇〇年前後になると、花は土器の装飾文として描かれるようになる。イラク北部の遺跡テル・アルパチアから出土した彩文土器には、皿の中央部に菊のような形をした開花文が、赤と黒で描かれている。日本の皇室の紋章によく似たこの文様は、メソポタミアではごく早い時期から登場するモティーフで、一般にロゼット（開花文）と呼ばれている。しかし、具体的に何の花をモデルとして描いているかは、いまだ不明である。

3. エジプト

古代エジプトでは、花は、祭礼や儀式に欠かせないものであった。エジプトで農耕が可能な場所は、ナイル河流域のごく限られた土地に限定されていたため、花の栽培は、主に沼地で行われ、中でも沼地で育つロータスとパピルスの花は、エジプトを代表する重要な花とされる。花は、邸宅や神殿の庭に植えられ、農民が売って歩いたという。装飾としての花は、踊り手など、人々の装飾に使われたほか、女神の祝祭や像、ワインの壺、ミイラや棺を飾るものとしても使われた。また、勝利を祝う儀式でも、動物の首や角に飾りとして使われることがあった。

花は、古くから貴重な供物として神や死者に供えられた。死者は、供養として花を望んでいると考えられ、中でも、「白いロータス」と「百合の花」は貴重な供物とみなされた。たとえば、新王国第一八王朝の書記だったナクトの墓の壁画（前一四一〇年頃）には、青いロータスの花束や葡萄を入れた籠などが、供物として捧げられている情景が描かれている（図3）。被葬者ナクトは、左手に開花したロータスを持ち、長い茎の先端についた花は、ナクトの顔の前に掲げられている。その後ろから、夫の右腕に自らの右手を添えて寄り添う妻の手首にも、開花したロータスの花がかけられ、額にはロータスのつぼみが頭飾りから垂れ下がるようにつけられている。花は、ブーケやリースとして、神殿の神々や墳墓の像にも捧げられ、ある記録によれば、アムン神は六〇、四五〇に及ぶリースと六二〇個の容器に入った花を献納されたことが知ら

図3　ナクトの墓壁画、新王国第18王朝
前1410年頃、テーベ、シャイク・アブド・
アル=クルナ出土［出典：『エジプト美術』
世界美術大全集西洋編 第2巻、小学館］

れる。

古代エジプトの資料で、一般にロータスと呼ばれているものは、実際には「ハス」の花（Nelumbo）ではなくて、「睡蓮」の花（Nymphaea）を指す。当時のエジプトには、白い花を咲かせる種類と、青い花を咲かせる種類のロータスが自生していた。白い花を咲かせるものには、ギザギザした花弁をもつものと、丸い形の花弁をもつ種類があった。青い花のロータスには、二～三種類の異なるタイプが知られるが、概してなめらかで細長い形の花弁を特徴とした。そのほか、灌木のような形状に赤い花をつける種類も知られ、根に鋭い刺があることから、「ワニが目を傷つけるもの」と恐れられていた。ハスの花は外来種で、ペルシャ時代になって、初めてインドからもたらされたという。

ロータス（睡蓮）は、上エジプトを象徴する植物で、エジプトの宗教において重要な役割を演じた。ロータスは朝に開花し、夜には閉じて水面下に沈むところから、太陽の動きと密接なつながりがあると考えられた。神話の中で、太陽神は原初の水ヌンに漂うロータスの花から生じたとされる。ここからロータスは、再生・復活の象徴となり、ロータスの上に表現されたファラオの頭部は、太陽神がロータスの花から首を出した姿を象徴する。トゥトアンクアメン（ツタンカーメン）王墓から出土した作品には、幼年時代の面影が特徴的なトゥトアンクアメンの頭部が、開花した青いロータスの花の上に載せて表現されている（図4）。この少年王の肖像は、ロータスの花から首を出した太陽神ラーの姿を象徴し、太陽神の日々の出現を表すとされる。『死者の書』第八一章には、死者がロータスに変容するのを助ける呪文が記されており、ロータスの上に表現されたファラオの頭部は、この『死者の書』に描かれた絵と同じ姿であるという。

図4　幼年王頭部（トゥトアンクアメン）、新王国第18王朝　前1350年頃、テーベ、王家の谷、トゥトアンクアメン王墓出土　エジプト博物館（カイロ）収蔵［出典：『エジプト美術』世界美術大全集西洋編　第2巻、小学館］

ロータスは、このように、新王国時代から、スカラベとともに「再生」のシンボルとして、死者の墓や棺の中に使われるようになった。新王国第一八王朝後期の宰相で、テーベ市長であったラーメス（ラモーゼ）の墓の前室に描かれた宴の場面（前一三七〇年）には、王の厩の監督官マイとその妻ウルヌルの姿が描かれている。マイは左手にロータスの花束を持ち、妻は左手をマイの肩にのせて、右手にロータスの花を握っている。彼女の額にも、開花したロータスの花が、頭飾りから垂れ下がる形で表現されている。トゥトアンクアメン王墓から出土した彩色木箱の蓋（前一三五〇年頃）には、王妃アンクエスエンアメンが、背丈ほどもあるロータスとパピルスの花束を両手に持ち、王に差し出す場面が描かれている。アマルナ時代の浮彫りでは、王アクエンアテンと王妃ネフェルトイティを描いた作品（前一三六〇年頃）において、王の右側で両手に花を持つ王妃の姿が描かれている。王妃の右手には、丸い形のつぼみをもつ白いロータス、ならびに尖った形の青いロータスのつぼみが握られて、王の顔の前に差し出されている。また王妃の左手には、開花した青いロータスの花とそのつぼみが握られている。青いロータスの花は、香りが特に優れており、「香りの神」ネフェルテムを象徴する。よい香りは空気を浄めるとされ、それはまた命を与えるものとされた。

ロータスは文学的表現として、メタファー（隠喩、比喩）に用いられることも多い。

たとえば、「自殺を図りたい人の前に立つ死は、ロータスの香りのようだ」とか「神への愛は、夏のロータスのようだ」という表現においては、ロータスの美を愛で、魅惑的な香りを賞賛する心が前提とされている。また、ロータスは愛のシンボルとして、愛の歌に詠まれたり、恋愛の場面に表現されることもある。ロータスを食したり、ロータスの咲く池で泳ぐことは、「豊穣」や「懐妊」の概念と結びつけて考えられた。恋人の女性の手の指をロータスの花に喩える場合には、優美さや魅力を象徴するとされる。また、ロータスと並んでパピルスも象徴的に使われる代表的な植物であり、ロータスが上エジプトを象徴するのに対して、パピルスは下エジプトを表した。

4．メソポタミア

メソポタミアでは、かなり古い時代から植物の目録が編纂され、個々の植物の名前が記録された。早くも紀元前三千年紀には、植物を「木」と「草」と「役に立つ庭の植物」の三種類に分類し、個々の植物名を並べた目録がシュメール語で記されている。中でも、果樹や薬草など、人間の役に立つ植物への関心はきわめて高かった。紀元前一千年紀のアッシリアやバビロニアの王たちは、外国産の珍しい植物を集め、王宮庭園で育成した。野生の植物の名前は在来種と区別されて、「山の」という形容詞をつけた形で呼ばれた。植物の性は「オスとメス」ないしは「オス」として区分され、「メス」が単独で使われることはなかった。またシュメールが栄えた南部メソポタミアには、木材となる樹木が乏しかったため、周辺地域の山岳地帯に目を向け、そこに育成している樹木の種類を網羅した記録がある。「麦」がいかにしてシュメールの地にもたらされたかを説く神話では、山岳地帯からもたらされた麦を、神々が牧草の代わりに人間に与えたとされている。またシュメールの『農夫の教え』では、大麦の栽培について語られている。庭の植物の名前が料理のレシピに言及されたり、特定の植物の名前の由来を説明する文献も知られる。一部の芳香植物は輸入されていた。またシュメールの文献には、洪水の後に生える特定の草や、羊が好んで食べる牧草の種類などが記されていた。

薬草を集めた目録は「草原の植物」という名前で呼ばれ、治療に用いられる植物と、それ以外の薬効ある植物とに分類されていた。植物のもつ治癒力についての知識は、療法に関する包括的なマニュアルにまとめられており、病気の症状別に処方された植物と、その具体的な処方の仕方（クリームなど）が記されている。植物の薬効を記録した文書には、薬草の通称と、同種の薬の名前が記されたものもある。また、薬草の別名やバリエーション、そしてヒッタイト語、エラム語、アラム語、エジプト語など、外国の名前も記録されている。その他に、浄化する作用をもつ植物、特定の病気の治癒に使われる植物（樹脂など）、植物の秘密の別名などが分類された文献も知られる。植物の外観を描写した文献も知られ、そこでは根、実と花、芽、種、葉と枝、巻きひげなどの部位から、植物の外観が分類されている。しかし、これほど多様な分類方法があったにもかかわらず、メソポタミアの「花」については、不明なことが非常に多い。というのも、メソポタミアにおける「花」を意味する単語の存在が、いまだに解明されていないからなのだ。これについては、後述「5.『花』を表す語彙」の中で扱うこととし、ここでは、私たちの捉える「花」の概念と、メソポタミアの人々が考えた「花」の概念が、どうやら微妙に異なっていたことを指摘するだけにとどめたい。

メソポタミアの宗教儀式において、植物は重要な役割を果たした。呪文やまじないを記した文献には、地中深くに根を張り、枝は空高くにまで届くとされる想像上の樹木が登場する。都市エリドゥにも、同じような灌木の伝説があり、「キシュカーヌ」と呼ばれている。医学的文献には「生命の植物」や「生命の薬草」と呼ばれる植物が登場するが、その正体は不明である。

メソポタミアの図像表現では、紀元前四千年紀後半から、八枚の花弁をもつ菊のような形の花（ロゼット）が頻繁に見られるようになる。多くの場合、家畜とともに描かれたり、愛の女神イナンナの象徴とともに描かれるところから、ロゼットは豊饒の概念と密接に結びついていると考えられている。ウィーン大学のG・ゼルツの研究によれば、ロゼットはシュメール語でulという楔形文字で表され、シュメール語の「遠い昔から」というフレーズは、「ロゼットが地上に出現した日から（u4-ul-li-a-ta）」と表記されるところから、ロゼットは世界の創造にあたって、地上に現れた命の始まりを意味すると解釈されている。すなわち、ロゼットは、エジプトの「アンク」や、

図5　女官の頭冠を飾るロゼット、初期王朝時代　前2600年頃、ウルの王墓出土、大英博物館収蔵［出典：『NHK大英博物館1：メソポタミア・文明の誕生』日本放送出版協会］

ヒンズー教や仏教のハスの花に匹敵するような、力強い生命のシンボルであったことが考えられる。また、この同じ文字は「星」をも意味するところから、女神イナンナの象徴である「金星」とも結びついているとされる。イナンナ女神を象徴する図像では、金星は八芒星として表現され、花弁が八枚あるロゼットの図像表現に近似する。紀元前二六〇〇年頃に遡る都市ウルの王墓から発見された装飾品では、ロゼットが女官の黄金製の頭飾りとして登場する（図5）。また、同じ王墓から出土した黄金製の副葬品で、雄山羊が前脚をかけて立ち上がる像においても、太い幹から伸びた枝の先には、八枚の花弁をともなうロゼットが、左右対称に表現されている。ロゼットはメソポタミアの歴史を通じて、最も頻繁に使われた花のモティーフであり、ニムルドから出土したアッシリア王妃の冠の装飾にも多く使われていた。

紀元前一千年紀のアッシリアの王宮では、広間の入り口の床面に、ロゼットやロータス、パルメットを浮彫りで表現した石製の装飾が施されていた（図6）。後に、ギリシャで頻繁に使われるようになるパルメットのモティーフは、アッシリアの「聖樹」に起源するモティーフで、アッシリアでは宗教的に重要な意味をもつ植物文だった（図7）。一般に「聖樹」と呼ばれているモティーフは、有翼の精霊とともに描かれることが多く、精霊は右手に松かさ状のものを掲げ、左手には小さなバケツを下げてい

図6　アッシリアの「石製カーペット」、新アッシリア時代　前645-640年頃、ニネヴェ北宮殿出土、大英博物館収蔵［撮影：筆者］

図7　アッシュル・ナツィルパル2世と聖樹、
新アッシリア時代　前875-860年頃、ニムルド
北西宮殿出土、大英博物館収蔵［撮影：筆者］

図8　聖樹（図7の部分）

ることから、ナツメヤシの受粉を行う場面だと解釈されたこともあった。しかし最近では、受粉説はなりをひそめ、むしろ「浄め」の儀式である可能性が指摘されている。聖樹の正体に関しては、諸説紛々あって、いまだに決着をみないが、この分野の研究者は、その形状をナツメヤシと関連づけて考えようとする傾向が強い。聖樹は、中央に太い幹があって、その頂点に大きなパルメットを持ち、その周囲をくねくねした茎でつながれた小さなパルメットが取り囲んでいる（図8）。いずれにしても、実際の植物のモティーフからアレンジされた空想上の「樹」であることは間違いなく、現実の植物をそのまま描いたものではない。聖樹のモティーフは、前九世紀にアッシュル・ナツィルパル二世が造営した都市ニムルドの宮殿の浮彫りにおいて、初めて大規模に展開された。この図柄が壁面装飾に取り入れられている広間では、部屋の四つ隅の部分や出入り口付近に、聖樹が配置されていることが多い。そこから聖樹は、室内の空間を守り、邪悪なものを退けるといった、守護的な役割を担っていたのではないかと考えられている。

広間の入り口床面に敷かれた石製の装飾に、パルメットやロゼット、ロータスという花のデザインが取り入れられているのは、ただの飾りではなかったかもしれない。なぜなら、メソポタミアの王宮や神殿の入り口には、魔除けのための様々な工夫が凝らされていたからだ。たとえば、目に見えるものとして、巨大な守護像の存在がある。これは多くの場合、高さ四メートルにも及ぶ人面有翼獅子像ないし人面有翼雄牛像の形をとり、内部の空間に入ろうとする者を入り口で威圧する存在である。獅子（ライオン）と野生の雄牛は、メソポタミアでは、どちらもその強さと凶暴さにおいて、王や神の理想的な特性を表現するためのメタファーとして使われた動物であり、像の中には名前を持つものがあった。たとえば、ティル・バルシップ出土のライオン像は、都市の城門の左右に対で置かれていたもので、その一方の名前は「獰猛な嵐の悪魔、その襲撃は比類なく、反抗者を討伐するもの、望みの成就を助けるもの」、そして他方は「戦闘の撃退者、敵の地を圧倒するもの、悪を追い払い、善をもたらすもの」であった。この名前から、像の担っていた機能が、邪悪な敵を追い払い、有益なものを取り込もうとするものであったことがわかる。すなわち、これらの像は、内部と外部の空間が接する出入り口という場において、一種のフィルターの役目を果たしていたのである。我が国でいう、「鬼は外、福は内」の精神に通じる。そればかりではない。人間には見えない部分までも、しっかりと邪悪な霊を追い払う機能が隠されていた。これには、鋭い嗅覚と聴覚をもった「犬」が抜擢された。ニネヴェの北宮殿の発掘では、表玄関から王宮内部へと続く通路の敷居の部分から、箱に入れられた小さな五体の犬の像が発見された。これらの犬は粘土製で、それぞれ白や黒、白と茶のブチなど、異なる色に塗り分けられ、各々の名前が胴体の部分に楔形文字で刻まれていた。その名前は「考えるな、咬み付け」「吠え声は強い」「敵を制覇するもの」「敵を咬むもの」「悪を追い払うもの」と、いずれも犬の攻撃的な特質を強調した内容となっている。目に見えない敵の侵入にいち早く気づいた犬たちが、その場で敵を撃退するであろうことを期待して納められた、呪術的な目的の像である。このような犬の特性は、現在でも、番犬として世界中で人々に重宝される。これらの像は、宮殿の敷居の床下に埋められていたため、通常は見えない存在であった。一方で、「石製カーペット」とも呼ばれる床面装飾には、パルメットやロゼット、ロータスのモティーフが表現されており、それが敷かれていた場所は、まさに広間の入り口であった。このことを考慮すると、「石製カーペット」に単なる装飾以上の目的があったとしてもおかしくない。文献資料による実証は、現時点では残念ながらできないが、多分、これらの花にも何らかの守護的な作用が期待され、宗教的な意味付けのもとに、床面装飾のモティーフとして使われていたのではないかと思う。

アッシリアの王は、時に、睡蓮ないしは百合のような花を手にして描かれることがあった。その最も早い作例は、前八世紀の王ティグラト・ピレセル三世の浮彫りに見

図9　凱旋するティグラト・ピレセル3世、新アッシリア時代
前730年頃、ニムルド出土、大英博物館収蔵［撮影：筆者］

図10　図9の部分

出される（図9）。王は戦車に乗った姿で右手を顔の前に掲げ、左手には花を一輪握っている。この花は一見すると睡蓮のようにも見えるが（図10）、中心に大きな尖った花心があり、花の正体は不明である。花はしおれてしまったように元気なく、下向きに垂れ下がった状態で描かれている。ティグラト・ピレセル三世は、いったいこの新しいモティーフをどのような経緯でアッシリア美術に取り入れたのだろうか。アッシリアが天然資源を求めて軍事遠征に出かけたシリアやレバノンのあたりには、エジプトの影響を色濃く受けた美術が展開していた。たとえば、ベイルート北部に位置する遺跡ビブロスから出土した王アヒロムの石棺（前一二〇〇年頃）には、同じようにしおれた下向きの花を手にして玉座に着く王（被葬者）の姿が描かれる。しかしながら、健在する王の図像は、花を手にした時、花は元気よく上向きに描かれている。新しい趣向を取り入れたのはよいが、どうやらティグラト・ピレセル三世は、死者と生者との描写の区別に無頓着なまま、自らの姿を亡き者として描いてしまったらしい。前七世紀の王アッシュルバニパルの時代になると、このような表現は改められ、王宮庭園でくつろぐ王の手に握られた花は、きちんと上を向いている（図11）。アッシュルバニパルの花は、百合のような形状を呈し、画面の左手には、この花をいくつも器に入れて運んでくる家臣の姿が描かれている。このように、王が花を手にするモティ

図11　王宮庭園でくつろぐアッシュルバニパル王、新アッシリア時代　前645-640年頃、ニネヴェ　北宮殿出土、大英博物館収蔵［撮影：筆者］

ーフは、前八世紀後半にアッシリア美術に取り入れられたが、そこに一体どのような象徴的意味が付与されていたかについては、文献資料はいまだ黙して語ろうとしない。

5・「花」を表す語彙

私たちは、概して「花」ということばから、クロッカスやチューリップ、梅や桜など、さまざまな色や形、植生の花を思い浮かべる。日本語で一般に「花」と呼ばれているものは、英語では flower と blossom、ドイツ語でも Blume と Blüte という、二種類のことばによって表現される。英和辞典によれば、flower は、「花を咲かせる植物、(特に)草花、花卉」とあり、blossom については「(特に果樹の)花、あるいは(一本の木、ないし全体の木の全部の)花」を意味するとある。確かに、チューリップやスイセンなどは flower と呼ぶが、桜やリンゴの花は cherry blossoms や apple blossoms といわれる。そこで、単純に「flower は草の花、blossom は木の花」と理解して憶えていたが、改めて英国人に尋ねたところ、「ちがう」という。そこでオックスフォード英語大辞典をひもといてみると、植物としての flower は、花弁や萼に囲まれた植物の生殖器官で、一般に「花(blossom)」とその「茎」をも含めたものを意味すると説明されている。一方、blossomについては、果実や種に先立つ「花（flower）」で、こちらは「花」そのものよりも、むしろその後に続く果実などの予兆としてみなされる傾向にあるらしい。このように、両者の語意には重複する部分が多いものの、相違点として、flowerはおもに花を主体とする鑑賞に適したもので、その茎までをも含む存在を指すのに対して、blossomの方は花自体よりも、むしろその後の果実に重点が置かれるような種類の花に使われ、この場合、茎は含まれず、花のみから成り立つ。ドイツ語のBlumeとBlüteの違いも、ちょうどこのflowerとblossomの違いに相当する。

それでは、古代オリエントの世界では、「花」は一体どう捉えられていたのだろうか[*1]。古代エジプトのことばでは、最も一般的に花を表す単語として「セチィ・シャア」が用いられた。これは「庭の香り」を意味するエジプト語で、ドイツ語で書かれた『エジプト学事典』によれば、その独訳はBlume、すなわち英語のflowerである。この同じ種類に分類されたことばに「レンピト」もあり、こちらはアムン神に捧げられたブーケのようなものを指すという。一方、ドイツ語のBlüteすなわち英語のblossomに相当することばとして、「ハレレト」「ペレカ」「シェマアウ」の三語が挙げられている。

エジプトの代表的な花ともいえる「ロータス」は、死者への供物として、葬祭に欠かせない植物であったため、エジプトの図像には古くから頻繁に登場する。ロータスを表す一般的なことばは「セシェン」であり、そのつぼみは「ネヘブ」ないし「ネヘブト」、花びらは「サアプト」というように、花の部位によって呼び名が細分化している。エジプトにおけるロータスの花の重要性は、このように語彙の豊富さからも明らかだということができる。

さて、一方のメソポタミアでは、「花」はどう捉えられていたのだろうか。メソポタミアでは、紀元前三千年紀には主にシュメール語、紀元前二千年紀以降は主にアッカド語(バビロニア語ならびにアッシリア語はアッカド語の方言と位置づけられる)が使われたが、どちらの語彙をさがしても、私たちが考えるような普遍的な「花」を意味することばがみつからない。どうやらメソポタミアでは、明瞭に「花」を意味する単語の存在が、いまだ解明されていないらしいのだ。しかし、当然のことながら、メソポタミアは豊かな植生に恵まれ、浮彫りや壁画にもさまざまな「花」が描かれている。つまり、どうも私たちが考える「花」の概念と、メソポタミアの人たちが捉えていた「花」のあり方に、微妙な違いが存在したらしいのである。

植物の花に関わる表現として、シュメール語では、girimやgurunが挙げられる。しかし、このことばは「花」と「実」の両方の意味に使われて、両者の間に明確な区別がない。同様に、アッカド語では*inbu*という単語が「花」の概念に最も近いとされるが、このことばに至っては、「つぼみ」から「花」、そして「実」になるまでの三段階すべてに適用される。すなわち、メソポタミアでは、開花した状態の「花」それだけを取り出して特定することはせず、つぼみから実になるまでの一連のプロセスを、本質的には同じものの変化と捉えていたらしい。私たちが段階を追って「つぼみ」「花」「実」と区別して考えるのに比べると、少し大雑把な分け方に見えなくもない。しかし、その一方で、メソポタミアでは古くから、植物を組織的に分類することに対する関心は非常に高かった。特に、薬効のある植物や花に関する知識は、古くから高度に発達していた。ここから、メソポタミアでは、人間が生きていく上で必要とされる実用的な植物が、なによりも重要視されていたという事実が引き出されよう。

文学作品では、木と葦、あるいはナツメヤシとタマリスクが、それぞれお互いどちらが優れているかを競い合う物語がよく知られている。しかし、花だけを取り出して扱った作例は、これまでのところ知られていない。一方、アッカド語の*inbu*ということばが、「つぼみ」から「実」になるまでの一連の状態を意味すると同時に、男女の「魅力」や「愛」を示すことばだったことは、注目に値する。このことばを用いて愛の女神イシュタルを形容したフレーズに、「魅力の女王」とか「イシュタルはチャーミングで愛らしく、魅力と性的アピールを身に纏う」という表現がある。また女神イシュタルが英雄ギルガメシュをくどくフレーズにも「ギルガメシュよ、あなたの魅力（*inbu*）を贈り物として私にください」という表現がある。すなわち、人間にとって抗いがたい「魅力」ないし「愛」という概念と、花が咲いて実を結ぶまでの一連の植物の状態が、語彙の上では *inbu* という同じことばで表現されていることは、実に興味深いことである。

おわりに

エジプトとメソポタミアにおいて、花がどのように捉えられていたかを辿るプロセスは、まさにそれぞれの文化の特徴を辿るプロセスに他ならないように思われる。エジプトでは、花は死者の「再生」という最も重要な宗教的価値観と密接な関わりを持ち、現代の私たちの花に対する観賞とさほど違わない形で、その美を愛で、香りを賞賛していたことがうかがえる。花の部位の呼称も数多く存在し、ロータスの語彙にいたっては、つぼみや花弁にそれぞれ独自の呼び名があったという驚きの事実がある。一方のメソポタミアは、エジプトとは対照的に、花という概念だけを抜き出して捉えていた痕跡がない。花とつぼみと実を同じひとつのものと捉え、それをことばによって区別する必要を感じていなかったらしい。その反面、植物の分類や目録の作成は古くから盛んに行われ、そこでは人間の生活に役立つかどうかが、重要なポイントだった。エジプトの来世重視に対して、メソポタミアの現世中心・現実重視の姿勢が、色濃くにじみ出ているといえよう。また、メソポタミアの花を示唆することばが、男女の性的魅力や愛を示すことばでもあったことから、花に抗いがたい魅力を感じていたことが読み取れる。エジプトのロータスも、メソポタミアのロゼットも、どちらも生命力に直結する象徴性が強く、花は人間の生に有益なものをもたらす存在として捉えられていた。いずれにしても、古代の両文明において、花は豊穣の概念とともに、現実を超えた、なにか神聖で霊的なものへの「架け橋」として、広く受けとめられていたように思われる。

＊1　エジプト語の語彙や読み方について、秋山慎一、大城道則、近藤二郎、高宮いづみ、永井正勝各氏に貴重なご教示を賜った。ここに記して謝意を表したい。

参考文献

P. Albenda, Assyrian carpets in stone, *The Journal of the Ancient Near Eastern Society of Columbia University* 10, pp.1-34, 1978.

E. Ebeling & B. Meissner (eds.), *Reallexikon der Assyriologie und Vorderasiatischen Archäologie*, fortgeführt von E. Weidner und W. von Soden, hrsg. von D. O. Edzard, vols. 1-10, Berlin & Leipzig, 1932-.

W. Helck & E. Otto (eds.), *Lexikon der Ägyptologie*, vols. 1-6, Wiesbaden 1972-86.

B. Landsberger, Date palm and its by-products according to the cuneiform sources, *Archiv für Orientforschung*, Beiheft 17, Graz, 1967.

J. Mellaart, *Çtal Hüyük: A Neolithic town in Anatolia*, London, 1967.

A. L. Oppenheim, et al. (eds.), *The Assyrian Dictionary of the University of Chicago*, Chicago, 1956-.

E. Porada, Notes on the sarcophagus of Ahiram, *The Journal of the Ancient Near Eastern Society of Columbia University* 5, pp. 355-372, 1973.

G. J. Selz, Early Dynastic vessels in ‘ritual’ contexts, *Wiener Zeitschrift für die Kunde des Morgenlandes* 94, pp.185-223, Wien, 2004.

R. C. Thompson, *A dictionary of Assyrian botany*, London, 1949.

C. E. Watanabe, *Animal symbolism in Mesopotamia: a contextual approach*, Wiener Offene Orientalistik 1, Wien, 2002.

T. Wilkinson, *The Thames & Hudson Dictionary of Ancient Egypt*, London, 2005.

R・H・ウィルキンソン『図解古代エジプトシンボル事典』近藤二郎監修、伊藤はるみ訳、原

書房、二〇〇〇年
田辺勝美・松島英子編『西アジアの美術』世界美術大全集東洋編 第一六巻、小学館、二〇〇〇年
友部直編『エジプト美術』世界美術大全集西洋編 第二巻、小学館、一九九四年

第5章

人が花に出会ったとき

佐藤洋一郎

はじめに

人が花を愛でるためには、まず花がなければならない。花がなければ、人はそれを愛でることさえできない。では、花はいつから地球上にあったのだろうか。きれいな、愛でたくなるような花がたくさん登場するようになったのは、それこそここ一万年ほどのことだと私は思う。ここではわたしがそう考える理由を述べよう。

撹乱と草原の登場

最初にまず、日本列島でのことを考えよう。日本列島の大部分の土地は、ここ一万年ほどのあいだ、深い森に覆われていた。もちろん、湖や池のように水の溜まるところや山の高いところ、頻繁に噴火する火山の近くなどはそうではなかった。たくさんの水、寒さ、火山の爆発などが、森の存在を許さなかったか、またはそれを破壊したからだ。こうした、森を壊す力を「撹乱」という。ここにあげた撹乱はどれも自然の撹乱である。一万年前の日本列島に住んだ人びとは、みな、狩りと採集によって暮らしていた。森の中の食べ物がなくなれば、人びとはまた、新たな場所へと移動した。人びとは森をそんなに大きく壊してしまう前に、森の中のどこか新しい場所に移動した。だから、人びとのまわりには森しかなかった。もちろん例外もあった。日本列島にも、先ほど書いたような森のない場所があった。しかしそれはあくまで例外的な存在だったことだろう。

ところが数千年前から、人びとは少しずつ農業を始めるようになる。農業といっても、最初の農業は今よりずっと原始的なものだったはずだ。それまで食べていた野生の穀類や果実などのなかから、収穫の多そうなものを選んだり、選んだものの種子を手元に播いたりするようなことをしていたと思われる。

さて、農業の開始は人びとの暮らしにどんな影響を与えただろうか。最大の変化は、むろん、食料の変化である。保存ができる穀類や木の実などの割合が増えた、というのが最大の変化だろう。しかし変化はそればかりではなかった。おそらく、農業による最大の変化は、周囲の「生態系」におよんだ変化である。農業が始まると、人びとは同じところにとどまって暮らすようになる。たねを播けばそのあとのケアも要るし、それになによりたねを播いたりケアをしたりすることで、その植物に対する愛着や所有の意識が芽生えるからだ。手をかけたものが盗まれたり水がなくて枯れたりしたとき、かけた手間が大きければ大きいほど悲しみや怒りは大きいことは、多くの人が経験することだろう。

それでも最初のうちは、人の社会に起きたことは「定住」の度合いが増すという程度のことだったのかもしれない。定住が始まるといっても、昨日まで移動しながら暮らしていた人びとが、今日からはずっとひとところに住むようにする、ということではない。定住といっても、どのくらい長くひとところに住むかは程度の問題なのだ。現代でさえ、生まれてから死ぬまで、一度も引っ越さなかった人はまれである。とにかく、農業の始まりが、人びとに定住を促したことは確かである。

生態系に影響が及ぶというのは次のようなことである。人間がひとところに住むようになると、まず、住居のそばから木を切るようになる。移動民の場合にも同じことをするに違いないが、定住の度合いが強まると、ひとところの木が切られるようになる。ここがまず違うところだろう。木が切られても、人が移動してしまえば、その土地はまたもとの森に戻るだろう。特に日本列島のように、雨が多く温暖な土地ではそうである。しかし、定住の度合いが強まることで、森への回帰は妨げられる。そして、森がなくなったところには草の生態系――草地――が広がっていった。草地というと、今の日本では北海道の「牧場」とか信州の「お花畑」のような土地を想像してしまう。

そうした土地も草地ではあるが、ここでいう草地は、もっといろいろな植物が渾然となった、むしろ今の私たちには雑然たる土地を想像するのがよい。今では、都市郊外の休耕田のような、なんでもありの汚い土地もあったかもしれない。

ところで、農業は急激な人口の増加によって始まったといわれる。いわゆる「人口圧」がかかったことで、生きるために人びとが選んだのが農業だったというわけだ。しかし農業はその最初のステージから、そんなに生産性の高いものだったのだろうか。私にはそれは疑問である。二〇世紀前半に英国で活躍した考古学者、ゴードン・チャイルドは「農業革命」という新しい概念を出して、農業の始まりが人類の歴史を革命的に書き換えたと考えた。しかし最近の研究では、農業の発達は極めてゆっくりと進んだのではないかとも考えられる。中国などでの稲作の歴史をみても、「稲作革命」と呼べるほどの急激な変化はなかったように思う。とすれば、世界のどこをとっても、農業の起こりは緩やかな変化だったに違いない。

攪乱の主は人だけか

それでは、森に攪乱を加えるのは人間だけだろうか。実は、攪乱の主は人間だけではない。たとえば日本列島の縄文時代では、火山の噴火がある。火山の噴火は、近くの森を焼いたり、また火山灰を降らせるなどして一部の木を枯らしたりする。開いた空間には草が入り込んだであろうが、ここが人びとの活動の舞台となった。実際、火山の噴火のあとの土地に人が入り込んで生活をしたあとがあちこちに見られる。広島県の帝釈峡一帯にひろがる帝釈峡遺跡群は、北西約六五キロにある火山、三瓶《さんべ》山の噴火のあとにできた攪乱された土地に入った人びとの生活のあとといわれる。青森県の三内丸山遺跡でも、最初に人びとが入り込んだのは、八甲田山の爆発によって森が焼かれたか、または降った灰によって森が破壊されたときであるという。

森が焼かれたとき、その焼かれ方が激しいと、土地は裸地（何も生えていない土地）となる。しかしモンスーン地帯のように雨の多いところでは、裸地にはすぐに草が入り込んでくる。こうした草をパイオニアという。パイオニアに共通する特徴は、種子をたくさん作り、それをばらまく性質に長けていることである。木の一部が焼け残ったようなときには、生き残った木々はあわてて新芽を出し、命を甦らせようとする。私は一度、オーストラリア北部でアボリジニーたちが焼いたあとの疎林に入り込んだことがある。乾季のからからに乾いた林のところどころが黒くくすんでいる。よくみると、その黒い部分は地面の草と木々の幹の下半分くらいまでが焦げたところで、梢のほうは火にやられていない。そしてその黒い地表のいたるところから、草の新たな芽生えが鮮やかな緑色をのぞかせている。木々の枝先にも、みずみずしい緑をたたえた新芽が芽吹いている。そうした新しい緑を求めて、動物たちが入り込んでくる。火に焼かれた土地は、畑の開墾にも、狩りの場としても、格好な条件を備えた土地となる。

火が、人が畑を開くのに極めて有効な道具であることは、焼畑を考えればすぐ理解できるだろう。木々が焼けてできた炭や灰は、作物のすぐれた栄養となる。火山灰などに含まれるミネラルもまた、植物には格好の栄養である。現代に住む私たちにとっては火山の噴火は、よいことなど微塵もない一〇〇%の自然災害だが、「噴火即災害」というこの認識は、現在の土地所有制度から来る発想である。土地が誰のものでもなかった時代には、火山の噴火はそこに定住して生活するための、むしろひとつの「ビジネスチャンス」だったのだ。

火をもう少し積極的に使っているケースが、先にも書いたオーストラリアのアボリジニーの暮らしの中に見られる。小山修三氏によると、彼らはしばしば「何の目的もなく」手当たり次第にあたりを燃やしているかのような行動をとるという。しかしそれは大規模ですべてを焼き尽くす森林火災を防いでいるばかりか、焼けて裸となった森が命を吹き返し、動物たちが集まるのを助けているという。それで、彼らの火はクールファイアと呼ばれている。つまりアボリジニーたちは、自然の火がもたらす恵みを学習し、それを積極的に利用して暮らしに役立てている。

攪乱の原因はほかにもある。水もまた攪乱の原因者たり得る。カンボジアのトンレサップ湖は国土の中央に位置する湖で、その水位は周囲から流れ込む水の量と、湖を出るトンレサップ川が合流するメコン川の水位によって決まる。雨季と乾季の区別が激しいこのあたりでは、水位は季節によって大きく変わる。さらにこの湖はごく遠浅で、水位が少し変わるだけで汀線は大きく移動する。それにつれてその面積もまた大きく変わる。湖面の面積は、水位が高い雨季には、乾季のそれの三倍にもなるという。水に漬かったり乾いたりを規則的に繰り返す土地は植物の生育にはじつに厳しい。こうした土地では、雨季・乾季をまたいで生育する植物は少なく、結局は雨季にだけ生える植物と乾季にだけ育つ植物とが交互に生育する生態系ができあがる。つまりこうした土地には一年草だけが生育できることになる。毎年繰り返して起きる水による攪乱が、森林の形成を妨げ、草地を作り出すのだ。

攪乱と植物

森の植物の代表者は、木である。人が狩りと採集に明け暮れていた時代の森は、人の手の加わらない深い森だったから、森に生きた木々は寿命の長い木々である。今でも、人里から遠い深い森に入ると、そこには大きな木――巨樹――が生えている。おそらく、農業が始まったばかりの日本列島の多くの森は、それよりさらに巨樹が茂る、とてつもなく深い森だったことだろう。その森の姿を想像するのは現代人である私たちにはむずかしいが、しいて言えば宮崎駿のアニメ『もののけ姫』に描かれた森がそれにあたるのだろうと思う。

巨樹の森では、生き物の進化はゆっくりとしか起きない。なにしろ森の王者たる巨樹たちは千年の時間を生きた存在である。彼らが森の空間を占めている間、彼らの子たちはそこで生きることさえ許されない。もちろん森には寿命の短い木々もあるが、その割合はやはり相対的に小さい。ところが、森が切られると、このバランスが崩される。特に森が繰り返し切られることで、そこに生える木々の種類は変わってくる。この変化は、攪乱の種類にはよらない。攪乱のインターバルが短くなるほど、そこに生える植物たちは、寿命の短いものへと変化してゆく。

「寿命が短い」とは、植物の世界では一定の時間にたくさんの種子をつけることだが、種子をたくさんつけるには、たくさんの花をつける必要がある。つまり、人が攪乱を加えることで、そこに生える植物の種類が、たくさんの花をつけるものへと変わってゆく。また同じ一年草でも、より多くの花と種子をつけるものが有利になる。花は、このように、攪乱によって増え始めることになった。

里の誕生

農業による食料生産が上がってくると攪乱はさらに進んだ。森はさらに後退しそのぶん草地の割合が増えた。原始の森に生きていた植物たちは姿を消し、その代わり、栽培植物や攪乱環境を好む植物、例えば随伴植物などが増えた。このようにしてできた人為の生態系のことを、私は「里」と呼ぶことにしている。動物の世界にも同じことが起きただろう。里の動物は、原始の森の動物とは異なる。そこにいるのは、人に飼われた動物か、またはスズメ、ハエなど、作物を横取りしたり病原菌を運んだりする可能性のある害虫など「招かれざる客」たち、それに攪乱環境を好む動物や昆虫、などである。

里の植物たちは先にも書いたように、その多くが花をつけ種子を残すものたちである。里という環境こそが、人が花と日常的に接することができるようになった最初の舞台であった。だから私は、人が花を愛でるようになった時期は、その土地における里の登場以後のことであると思う。

人が作った里と火山の噴火などでできた草原の間には大きな違いがある。前者の里の場合には、生態系を構成する動植物の少なくない部分が、人が作った動植物つまり家畜や栽培植物、さらには随伴する生き物たちである。一方後者では、草原に生える植物もまた野生の草である。

縄文の里の花たち

里の姿は、当然ながら時代や場所によって異なる。つまりそこにあった花の種類も、場所と時代によっていろいろだったはずである。日本列島の縄文時代の里には、どんな花があったのだろうか。このような問いには、歴史学や考古学の研究が必要になる。文字ができてからの時代のことならば、文献を読み解く文献史学のような学問が使えるだろうし、文字などまだない時代の事柄の解明には考古学が有効である。縄文時代は文字のない時代なので、ここは考古学の独壇場である。

遺跡から出てくるさまざまな遺物の中に、その時代の植物が残した花粉がある。そのように小さいものが残るのは不思議な気がするが、花粉の外側の殻に相当する部分は、ずいぶん頑丈な物質でできている。花粉は生命の維持に大切な遺伝子を運ぶ役目を果たすから、それは考えてみればあたりまえのことではある。花粉の形や大きさは植物の種類によってずいぶんと異なる。だから、あらかじめ現存する植物から花粉をとってその形や大きさや表面の模様を記録していれば、今度は地面の中から出てくる花粉の大きさや形をそれと照合することで、その花粉が何のものかがわかる。そうすると当時そこにどんな植物が生えていたかが大体推定できる。こういう理屈で、数十年前から、遺跡から出てくる花粉を分析する「花粉分析」という学問ができあがった。

辻誠一郎氏（東京大学）によると、三内丸山遺跡の花粉分析の結果、最初ブナやミズナラの森に覆われていたところが次第に開かれ、遺跡の全盛期にはクリの花粉が大半を占めるようになるという。遺跡の周囲には、そのほか、ニワトコなどのいわゆる人里植物の花粉がでてくる。こうした様子から、当時の三内丸山遺跡付近は、最初は目立った花のない深い森に覆われていたが、そののち、花のある生態系に変わっていったことがわかる。

縄文から万葉の時代へ

こうしてみると、三内丸山遺跡の周辺にあった花は、今の花に比べて地味な花が多かったようである。おそらくこの傾向は、万葉の時代も変わることはなかった。中尾佐助氏はその『花と木の文化史』（岩波新書）に、『万葉集』に登場する植物のリストをあげている。それによると、『万葉集』に登場する花のトップはハギで、二位にはウメが来る。三位以下は研究者によって数え方が多少異なるが、帝京大学の木下武司氏によると、マツ、タチバナ、アシと続いている。ハギとウメは、この時代の春秋の花の代表とみてよいだろう。しかし、ウメとマツは外来の植物で、縄文時代以来の植物ではない。

『万葉集』は歌集なので、詠み人がその花をどうとらえ、どんな思いを寄せていたかを知るのによい。ハギが詠まれた歌は、当然ながら「秋」という季節を詠んでいる。ウメは日本に渡来してすぐの植物だったわけだから、これを詠んだのは流行に敏感だった人びとだったということになる。普通の庶民は、もちろんこの植物をまだ知らない。当時の人が愛でていた春の花にはどんな花があったのだろうか。

『万葉集』の中で、私がとくに強い印象を受けたのは、山上憶良の「萩の花をばな葛花なでしこの花をみなへしまた藤袴あさがほの花」の一首である。この歌は何の説明もなくただ秋の七草を詠んだことで著名で、この歌によって、当時の日本列島に住む人びとが「秋の七草」を知っていたか、あるいは秋の七草という認識があったかのいずれかであろうという想像がつく。または何の感情も詠みこんでいないようにみえるこの歌には、しかし、憶良の花に対する深い思いが込められているように思う。遣唐使の一員として中国に滞在したこともあるとされる憶良のことなので、ひょっとすると中国の花と日本の花を比べてこの歌を詠んだのかもしれない。

しかし秋の七草は、豪華、華麗という感覚を現代に生きる私たちには与えない。それらはむしろ地味で、講演会場や式場に飾られる、または特別の日に特別の人に贈られる「花」とはだいぶ趣きが異なる。

『万葉集』とほぼ同じ時期に編纂された文書に、各国の風土記がある。その大半は失われていて全容は明らかではないが、いくつかの国の風土記はほぼ全体が残され今に伝わっている。そのうちのひとつ、『出雲国風土記』には当時の出雲の国にあった植物が詳細に記載されている。そのリストも刊行されているが、それをみてもやはり当時の花は今の花よりずっと地味である。『万葉集』にみられる傾向は上代から古代における日本列島にあった花をそれなりに忠実に反映しているものと思われる。

花はカレンダー

花は、生物季節にも取り上げられるほど、それぞれの季節を代表している。サクラのように、「桜前線」がテレビで報じられ、どこどこでいつ満開に達するかが予報されるものもある。生物季節はしばしば、暦上の日付より実際の季節の動きを忠実に反映する。おそらく、花が登場して以後の人びとは、花や、あるいは虫や鳥を、暦やそこに書かれた文字の代わりに使っていたのだろう。本書では、花を愛でる人のこころを問うことになっていて、その意味からは「花カレンダー」はその趣旨に合わないと思われるかもしれない。しかし、こころの問題はどこまでがこころの問題でどこからがそうでないのか。そんな区別はない。花を見て季節を感じ、それを歌に詠む行為は、ある意味でこころの問題である。その意味から、ここでは、こころの問題を少し広く解釈して、「花暦」や「色」、さらに次に述べる「香り」の問題を論じてゆく。第八章で秋道智彌氏が「花食」を論じられるが、これも同様である。

過去の時代にどんな花があったかは考古学者に調べてもらうとして、それを、さかいひろこ氏が「縄文花カレンダー」にまとめている。それを図1に紹介しておこう。これをみると、縄文時代の三内丸山遺跡周辺には、コブシ、フキ、ニワトコなどの花がそれぞれの季節に咲いていたようである。彼らは、ある花が咲くのをみて、次に咲く花が何であり、その時期がある種の魚や鳥がやってくる時期を経験的に知っていた。

農業を始めるようになると、ある植物の種子をいつ播くか、何らかの情報に基づいて決めなければならない。こんなとき、花暦はたいそう役に立ったに相違ない。花の時期の認識は季節の認識でもある。それと同時に、季節の感覚の社会における共有化の過程でもある。そして、この過程に大きな役割を果たしたのが、花なのである。

そして人は色香に狂うようになった

さて人はなぜ花を愛でるのか。本書全体のテーマであるこの問いかけに対して、私は私なりに一つの答えを準備しておきたい。それは、花が人に色香を教えたからである。色香に惑う、というといかにも妖しい感じを受けるが、人が花から受ける感覚はまず視覚、つまり色の感覚である。「色」の字は、色彩という意味以外に、「あるがま

図1　縄文花カレンダー（さかいひろこ作）

まの姿」「こころ」などの意味を持つ。だから、「バラ色の未来」「ブルーな気分」などの語が共感を持って受け入れられるのである。色は、人の心理に微妙に影響を与える。

花の色は、空の「青さ」や雲の「白」、闇の「漆黒」などとは違い、手にとってみられる色である。つまりその色はパレットの上で混ぜたり塗り重ねたりできる色である。花の色は、しかも、はかない。それは常に移ろい、同じ色のままとどまることはない。色の移ろいに人が敏感なのは、色同様心が移ろうことを人が経験的に知っているからなのかもしれない。

人が、花から色と同時に受け取る感覚が香りの感覚である。ある意味で、香りは色よりも強く人を惑わす。香水の多くはいろいろな植物の、おもに花から発散される物質を混ぜて作るが、それもやはり香りが人を強く引き寄せるからである。香りが、人の心に強く作用することは、アロマテラピーのような、香りによる治療法があることからも明らかである。

花の登場が農耕以後のことであるとすれば、人が色香に狂うようになったのもまた、農耕以後のことである。色香に狂えるのは、農耕民の特権なのかもしれない。そして、色香のような、人のこころのもっとも奥底にある感情の琴線に触れたからこそ、人は花を愛でるようなったのではないか。私にはそのように思われる。

農耕の起こりと花──終わりに代えて

人類史の中で農耕の起こりを捉えるとき、コリン・タッジによる議論に触れないわけにはゆかない。彼はその著書（『農業は人間の原罪』、竹内久美子訳）のなかで、ヨーロッパのネアンデルタールの滅亡の原因について触れている。それによると、ネアンデルタールたちは新興勢力であるクロマニヨン人たちとの闘いに敗れたというよりは、クロマニヨンたちが草原を穀物の畑に変えたことで、狩りの対象であった野生動物たちが絶滅したからだという。つまり対立の構造の基礎にあったのは、狩猟採集民と農耕民という、経済構造上の大きな違いであったことになる。この仮説はいくつかの意味で実に興味深い。というのも、まず、この説に従うと、農耕の起こりはよく言われるように一万年ほど前というような近過去の出来事ではなく、もっと昔──最終氷期のさらに前──にさかのぼるほど古い出来事だったことになるからである。そして第二に、彼らの静かな戦いの舞台が、草原という攪乱の強い環境だったことになるからだ。つまり両者の対立は、攪乱を受けた草原という共通の生態系での主導権争いだったということになる。そして、タッジのこの見解は、本書で小山修三氏が触れた、「ネアンデルタールは果たして墓に花を供えたか」の問いに、それなりに肯定的な答えを出したことになる。

第6章

花をまとい、花を贈るということ

武田佐知子

四季それぞれに咲く美しい花、こんなにも花を愛でながら、日本人はお葬式や、病気のお見舞いなどを除けば、まだ花を贈り、贈られる風習にすっかり馴れたとはいえないのではないだろうか？

愛する人から花を贈られることは、とっても素敵で飛び上がるほど嬉しいことだけれど、なんとなく気恥ずかしくもある。少なくとも私たちの世代はそうだ。若い恋人たちが、花を贈られているのを、横目で羨ましそうに見ながらも、自分たちの間では、ちょっと気障な感じがして、ひるんでしまうのではないだろうか？　なぜ花を贈るのは恥ずかしいのか？　今回はその原因を、日本の歴史の深層のなかに探ってみようと思う。

花をまとう

四季に咲き乱れる花々の色には、人力にはとうてい及ばない美しさがある。現代の世のなかを、けばけばしいまでの鮮やかな色彩で塗り込めている石油化学系染料がない時代には、人びとが美しく鮮やかな色を自らのものとするのは、至難のわざであった。

そうしたなかにあって、自然が生み出した、咲き誇る花の色の美しさは、人智のおよばぬ、まさに造化の妙であったろう。

人びとが美しい色彩の衣服をまとうのは、うつろいやすい、美しく咲いてはやがて枯れていってしまう花の彩りを、永遠にとどめ、身にまといたいと願ってのことではなかったろうか。

月草に衣は摺らむ朝露にぬれて後にはうつろひぬとも　『万葉集』巻七―一三五一

『古事記』のなかに、春山之霞壮夫《はるやまのかすみをとこ》が、どんな男のプロポーズも受け入れない女性をどちらが獲得できるかと、兄と賭をする話がある。母は求愛に出かける彼のために、一夜のうちに藤の蔓を織って、衣褌（＝上着とズボン）と襪（＝靴下）を縫い、弓矢をつくってくれた。女性の家につくと、着ていた藤蔓の衣服にいっせいに花が咲いたという。

恋する女性のもとに赴いた春山之露壮夫の姿は、まるで菊人形か孔雀のようで、これが女でなく男のよそおいであったところは、古代の男女関係を考えるうえでも興味深い。『万葉集』には、藤の樹皮で織った藤衣が、塩を焼く海人の仕事着として詠われている例がある。

須磨の海女の塩焼き衣の藤衣間遠にしあればいまだ着なれず[*1]

大君の塩焼く海人の藤衣なれはすれどもいやめづらしも[*2]

藤蔓を織ってつくる藤織は、北海道と沖縄をのぞく全国各地の、寒くて日照時間が少なく、綿の栽培のできなかった山間部で、明治・大正期にいたってもなお織り続けられていたごく普通の織物であり、山着などの藤衣が仕立てられていたという。[*3]おそらく春山之露壮夫の藤衣も目の粗い、ゴワゴワした粗末な布であったろうが、そこに全面に花を咲かせてしまう想像力こそ、花をまとうことへの、古代以来の人びとの花へのあこがれを物語るものであろう。

藤衣は、喪服としても用いられた。『古今和歌集』には壬生忠岑が、父の喪に服して、

藤衣　はつるる糸は　わび人の　涙の玉の　緒とぞなりける[*4]

と詠んでおり、また詠み人知らずだが、

穂にもいでぬ　山田をもると　藤衣　稲葉の露に　濡れぬ日ぞなき[*5]

という歌も、同集の巻一六、哀傷歌の巻に見える。

一二世紀に西行法師は『山家集』で、父母を相次いで亡くした右大将徳大寺公能に対して、高野山から、

重ね着る　藤の衣を　たよりにて　心の色を　そめよとぞ思ふ

との、哀悼の歌を送り、

藤衣　かさぬる色は　ふかけれど　あさき心の　しまぬはかなさ

という返歌を公能から受け取っている。*

『増鏡』上には、「藤衣」と題した章があるが、この名は承久の乱の後、土佐へ配流されていた土御門上皇の死に際して捧げられた、

うしと見し　ありしわかれは藤衣　やがて着るべき門出なりけり

という、歌人として有名だった藤原家隆の娘、土御門小宰相の歌に由来する。

彼女は上皇の死に対する哀しみが人よりひときわ深く、服を黒く染めて、喪に服し、哀悼の意を表したという。

ただしこれらはいずれも藤蔓を織ったもので、しかも『増鏡』の例では喪服として黒く染めたと想定され、藤蔓で織った衣に、藤の花がいっせいに開花したという派手やかな衣をまとった春山之霞壮夫の例とは、もとより隔たりがある。

花の生命力

花を見て日本人は、その鮮やかな彩りに、生命のみなぎりを感じた。ならばそのエネルギーを、自らのものにしたいと思うのは当然のなりゆきである。花の美しさと、春いっせいにわかば萌えいづるその生命力に感応して、その美しさとともにそのエネルギーを身につけたいと思う。

命の全《また》けむ人はたたみこも平群《へぐり》の山の熊樫《くまがし》が葉を髻華《うず》に挿せその子

『古事記』歌謡

雪の島巌《いわ》に植ゑたる石竹花《なでしこ》は千世に咲かぬか君が挿頭《かざし》に

『万葉集』巻一九―四二三二

髻華とは、頭に挿す草木や花の飾りである。挿頭《かざし》、挿頭花ともいう。簪《かんざし》の起源であるともいわれる。また蘰《かづら》といって、蔓草を頭に巻き、そこに玉などをつけて、冠のようにすることもあった。植物を頭につけ、その生命力に感応して人の命が長く続くよう祈念したのである。だから髻華や蘰はまず、活きた植物でなければならなかった。

天平勝寶二年正月二日於國廳給饗諸郡司等宴歌一首
あしひきの山の木末のほよ取りてかざし（＝挿頭）つらくは千年寿くとぞ[*7]
安之比奇能　夜麻能許奴礼能　保与等〈理〉天　可射之都良久波　知等世保久等曽

二月一九日於左大臣橘家宴見攀折柳條歌一首
青柳の上枝攀ぢ取りかづらくは君が宿にし千年寿くとぞ[*8]
青柳乃　保都枝与治等理　可豆良久波　君之屋戸尓之　千年保久等曽

あしひきの山下ひかげかづらける上にやさらに梅をしのはむ[*9]
右一首少納言大伴宿祢家持
足日木乃　夜麻之多日影　可豆良家流　宇倍尓也左良尓　梅乎之〈努〉波牟

『万葉集』巻八には、桜の花を女性が「挿頭」に、男性が「蘰」にするとした歌が見える。

嬬等之　頭挿乃多米尓　遊士之　蘰之多米等　敷座流
國乃波多弖尓　開尓鶏類　櫻花能　丹穂日波母安奈〈尓〉
娘子らが　挿頭のために　風流士の　蘰のためと　敷きませる
国のはたてに　咲きにける　桜の花の　にほひはもあなに[10]

だが、もとより性別によって「挿頭」、「蘰」が使い分けれらたということではなさそうで、『万葉集』巻一六には、桜児という女性を桜の花に喩えて、男性が「挿頭」にしようとしたのに散ってしまったと、その死を嘆く歌がみられる。

春さらばかざしにせむと我が思ひし桜の花は散りにけるかも[11]
春去者　挿頭尓将為跡　我念之　櫻花者　散去流香聞

こうした花の髪飾りは、後に冠の制度が導入されたため、かたちを変えて引き継がれていった。冠位十二階は、中国は朝鮮の制にならって七世紀の初頭につくられた、個々の官人の身分を表す、被りものの制度である。
『日本書紀』巻第廿二推古天皇一一年一二月戊辰朔壬申に、

始行冠位。大徳・小徳・大仁・小仁・大礼・小礼・大信・小信・大義・小義・大智・小智、并十二階。並以当色絁縫之。頂撮総如嚢、而着縁焉。唯元日著髻花。

髻花、此云于孺。

とあって、色によって身分の差を示した、袋状の帽子を被った。頭頂部は、まるく袋のような形を呈しており、縁が着けられていた。筆者は、帽子の色と縁の色との、十二通りの組み合わせで、冠位を識別する仕組みになっていたと考えている。元日など大きな儀式の日には、そこに髻花を飾った。

推古一六（六〇八）年、唐使裴世清が日本にやって来た際には、列席した皇子、諸王、諸臣等の髻花は、すべて金でつくられており、衣服も、錦紫繍織及五色綾羅という、最高の技術を結集して制作された布で製せられた豪華なものであった。[*12] それは唐国の使者に対して、我が国の対面を、威信をかけて誇示するためであった。

さらに推古一九（六一一）年菟田野《うたの》の薬猟《くすりがり》の際には、大徳・小徳の位の者たちだけが金の髻花を、以下のものは、豹や鳥の尾を用いた髻花をつけたという。

薬猟於菟田野。取鶏鳴時、集于藤原池上。以会明乃往之。粟田細目臣為前部領。額田部比羅夫連為後部領。是日、諸臣服色、皆随冠色。各著髻花。則大徳小徳並用金。大仁小仁用豹尾。大礼以下用鳥尾。[*13]

ここで豹尾や鳥尾で製した髻花とあるのは、花をかたどったものとは考えにくく、中国や朝鮮半島の服飾の制度で、冠に豹尾や鳥尾を挿したものとの関連が想定されるが、これをも「髻花」と呼んだのは、頭部に飾るものは花を第一義とするという古代の考え方が、反映したものであろう。

花を冠に飾ることは、後の冠の制度でも引き継がれていく。『日本書紀』巻第廿五孝徳天皇紀に、

大化三年是歳、七色一十三階之冠を制す。一に曰く、織冠。大小二階あり。織を以て之をつくり、繍を以て冠の縁を裁つ。服色は並に深紫を用いる。

……（中略）

縁と鈿とを以て、其の高下を異にする。形は蟬に似たり。小錦冠以上の鈿は、雑金銀で之をつくる。大小青冠の鈿は、銀を以て之をつくる。大小黒冠の鈿は、銅を以て之をつくる。建武之冠は、鈿無き也。此冠は、大会、饗客、四月七日斎時に、着すところである。

とあって、大化三年の冠位制においては、即位礼や元日の儀式、また外国使節の接待などのときには、金銀を交えてつくられた「鈿」を付けるとあるが、卜部兼方は、

『釈日本紀』において、

孝徳天皇紀に曰く、「是の歳、七色十三階之冠を制す」と云々。其の冠の背に、漆羅を張り、縁と鈿とを以て　其の高下を異にす。形、蝉に似たり。或は説く。宇須は珠なり。玉冠。

兼方之を案ずるに、髻花は鈿也。今世に挿頭花は此を象るか。[*14]

として、冠位十二階の髻花を、兼方の時代に行われていた挿頭花に比定し、さらに鈿との同一性を指摘している。つまりいずれも金銀、そして銅でかたどった花が、冠にあしらわれていたものと考えられるのだ。

八世紀のはじめに、遣唐使として中国へ渡った粟田《あわたの》真人《まひと》が、唐の則天武后の朝廷に招かれたときに被っていた冠の記述が、中国側の史料に残されている。

『旧唐書』東夷伝　倭国条によれば、

長安三年、其の大臣朝臣真人、来りて方物を貢ず。朝臣真人は猶中国戸部尚書のごとし。進徳冠をかぶる。其の頂に花をつくりて、分ちて四散す。身に紫袍を服す。帛をもって腰帯となす。真人は経史を読むを好み、属文を解す。容止温雅、則天は麟徳殿において、宴をたまい、司膳卿を授け、本国に放還す。

とあって、粟田真人は中国において、立ち居振る舞いが優雅で、インテリジェンスも高いと則天皇帝に気に入られ、特別に朝廷に迎えられて麟徳殿で宴を賜り、司膳卿に任じられている。このときに粟田真人が着用していた服装は、中国の戸部尚書のようであり、紫の袍を着用していた。腰に巻いていた帛《はく》の帯とは、厳密にいえば白い絹の帯ということになる。このときは、すでに「大宝令」が制定されており、大宝令の「衣服令」の規定との関連が考えられるが、白帯をまとえるのは「衣服令」の規定では皇太子だけであった。親王・諸王・五位以上の諸臣礼服は、「条帯」とある。「条帯」は、おそらくは組み帯のようなものと想像されるが、色については言及がないので、あるいは白い「条帯」だったかもしれない。いずれにせよこれが「衣服令」の朝服の場合の帯である「金銀装の腰帯」、つまり革帯を装着したものでないことは明らかであり、「礼服」の範疇に属するものであろう。

さらに粟田真人は、頂上から花が四方に垂れている、その形状は中国でいえば「進徳冠」に似た冠を被っていたと記述している。これは明らかに朝服の際に被る「黒羅頭巾」ではない。律令では「五位以上。毎位及階。各有別制。諸臣准此」と、別制で細則を規定したため、その細部は明らかではないが、「礼服冠」に相当するものであろう。

このように考えてくると、粟田真人が身にまとっていた服飾品や冠は、いずれも元日や即位礼、大きな祭祀のときに着用される「礼服」の系統を引くものと考えられるが、これはもとをたどれば、「冠位十二階」にいきつくことになる。なぜなら「冠位十二階」の制度において、元日などの儀式の際には、色で差等《さとう》を表現した被り物の上に、金銀でつくった花などを飾る定めであったが、それはその後の冠の制度に引き継がれ、また粟田真人の被った冠が、頂上から花が四方に垂れていたという事実と、通底する部分があるからだ。

中国側の史料、『隋書』倭国伝には、「冠位十二階」の服飾の制度の、より具体的なあらましを知れる記述がある。おそらく裴世清以下の、倭に派遣された隋からの使者が、直接見聞した事実に基づいていよう。

其の服飾、男子は裙襦を衣《き》る。其の袖は微小、履は屨形の如く、其の上に漆をかけ、之れを脚に繋ぐ。人庶は多く跣足にして、金銀を用いて飾と為すを得ず。故時は、横幅に衣る。結束して相い連ねて縫うこと無し。頭には亦た冠無し。但し垂髪を両耳上にす。隋に至りて、其の王、始めて冠を制す。錦綵を以て之を為り、金銀鏤花を以て飾と為す。婦人は後に束髪し、亦た裙襦を衣る。裳には皆な襈襹あり。

倭国には古い時代には、頭に冠をいただく風習はなかったが、隋代になって、初めて倭王によって制定された冠の制度は、彩色された錦の布でつくった冠に、金銀で彫りつくった花を飾りにしたものであったとある。この際、漆を塗った履をはいたが、庶人は裸足で、金銀を飾りにすることはできなかったと、倭国では服飾に階層差があったことを特記している。またこの時代の衣服は、男性も女性も「裙」、すなわち裳＝スカートと、「糯」、つまり肌着のような袖の小さい上衣の組み合わせを着ており、女性のスカートには縦縞があったという。高松塚古墳の壁画に見える女性像の服装にも通じるものがある（図1）。

男女が共に「裙」を穿くのは、律令「衣服令」の、「礼服」における衣服の規定と酷似しているが、『隋書』に記録された倭国の冠は、新たに定

図1　高松塚古墳の壁画（国［文部科学省］所管）

められた「冠位十二階」の冠の制度にのっとったものと想定される。隋からの使者が倭国で眼にしたのは、国威を誇示するために最高の盛装で居並んだ豪・貴族層たちであったろう。それは平日の服装でなく、儀式の際などに着用する正装であったにちがいない。

後に述べるように筆者は、「冠位十二階」の服飾の制度は、大嘗祭や元日などの大きな儀式や祭祀の際の衣服である「礼服」の規定に近似していると考えている。礼服着用の時に被る「礼服冠」は、「玉冠」とも称されており、玉で飾った冠であったと想定される。後世に編纂された、朝廷でとり行われる恒例・臨時の主要な儀式の手順を網羅した『儀式』の礼服の規定などに見える親王四品以上の礼服冠は、様々な彩りの玉を金装の冠の「押鬘」に立てて飾った様子が見て取れる。この記載を京都国立博物館所蔵の、五条為良が天正一四（一五八六）年一一月二五日の後陽成天皇の即位式に使用したものという、現存最古の礼冠（図2）と照合すると、黒漆塗り・紗貼りの冠の周囲に、花をかたどった金銅透彫

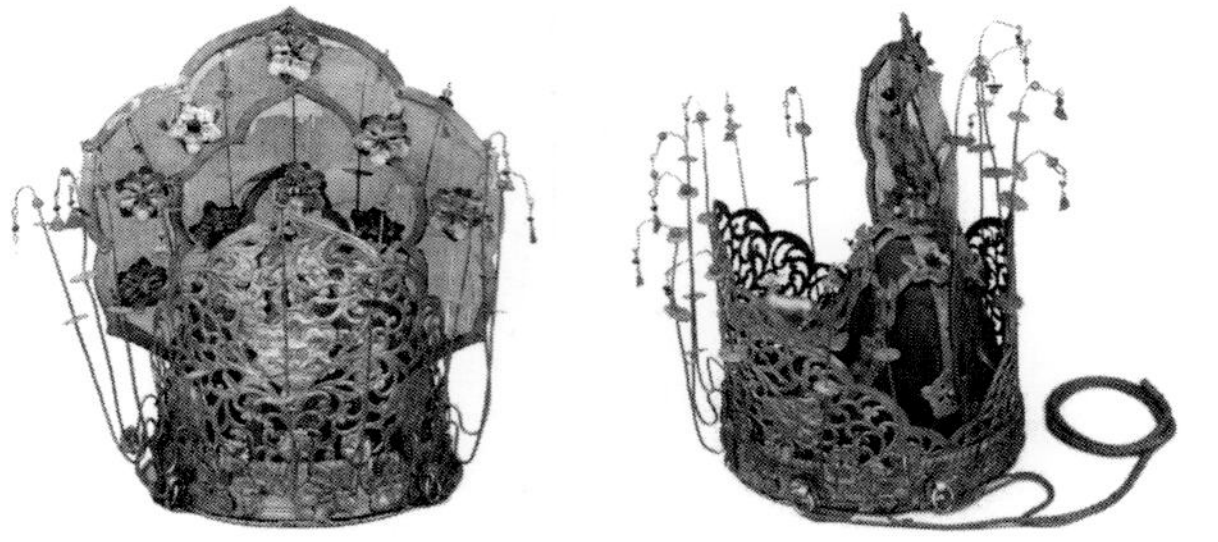

図2　現存最古の礼冠（左＝正面、右＝側面　京都国立博物館）

図3　冷泉家に伝世する礼冠（冷泉家時雨亭文庫）

図4　「朝服」の際に被る黒一色の繊維で製した「皀頭巾」（《聖徳太子二王子像》部分　宮内庁）

りの「押鬘」を巡らし、その周囲に花形の薄板を貫いた茎をぐるりと配し、頂上の貴石から、さらに小さい貴石を配した歩揺を垂下させている。また後方の櫛形にも、中心に貴石を配した花形を多数あしらった礼冠は、古来から我が国の冠が、花を飾ることを第一義としていたことを物語っていよう。これは冷泉家に伝世する礼冠（図3）でも同様で、黒い三山冠の周囲に金色の花をかたどった「押鬘」を配し、後方に櫛形を立てて全体を花座に乗せた玉で飾っている。[*15]

こうした形式は明らかに「朝服」の際に被る黒一色の繊維で製した「皀頭巾」（図4）とは異なるものでもあり、このような冠の制度は、「冠位十二階」以来の系譜をひくものということができるのだ。

以上見てきたように、金銀の造花を飾る冠が制度化されるのは、冠位十二階に始まることと考えられるが、これに先行するものとして、「記紀」の安康天皇のくだりに見える「押木玉縵」の存在をあげておかねばなるまい。

「押木玉鬘＝縵」とは、『日本書紀』では「立鬘《たちかづら》」とも、「磐木鬘《いわきかづら》」とも称されることから、立ち木をかたどった鬘かと推定され、また『儀式』に見える「押鬘」の語が、「前後押鬘の上に、緑玉二十顆を以て立てる」[*16]とあることから、「押鬘」の上に花をかたどった玉をちりばめたものと想像されよう。

さらに伝世している礼冠における「押鬘」の名称に該当するとおぼしき部位は、花と蔓草をかたどった金銅の透かし彫りが、前頭部と後頭部、前後から頭の周囲を囲んでいる事実から類推して、頭部を廻る草花をかたどった立飾を意味すると見てよいのではないだろうか。つまり玉縵とは、そこに宝石を飾って、縵草の類をかたどって輪にした髪飾りであり、転じて冠のことを指すとされる。実際に慶州の、金冠塚や瑞鳳塚、天馬塚などから玉で飾った金製・金銅製の冠が出土しているが、我が国にもたらされたこうした冠のことを意味していると考えられている。*17

冠位の制度はしだいに変化して、金銀銅の造花を加えた冠は廃止され、朝服着用時には、官人は一律に黒い冠を被るようになった。八世紀前半のことである。

しかし天平一九（七四七）年には、五月の節供に菖蒲を蘰につけてこない者は、宮中に入ることを禁じる命令が出されている。

天平一九年五月庚辰　是の日。太上天皇詔して曰く。昔は五月の節には常に菖蒲を用いて縵と為す。比來已でに此事を停む。今より後、菖蒲の縵にあらざる者は宮中に入るなかれ。*18

ここでは、元正太上天皇の詔として、「五月の節句には、いつも菖蒲を縵にするのが常であったが、近頃この風習が見られないので、これからは菖蒲を縵にしていない者は、宮中に入ること自体を禁じる」として、この慣行の復活をめざしたのである。冠に生花をつけるということが、古い習慣として位置づけられ、生花を頭に飾るかつての慣行が根強かったことを意味していよう。

のちに改めて問題にしたいが、こうした冠は、天皇から諸臣に賜与されるきまりで、逆はありえなかった。

死者に捧げる花

先に見たように日本では、頭の花飾りが、記紀神話のころからの、きわめて古い慣習として長く行われていたらしい。しかし不思議なことに、五〜六世紀にかけて大量に制作された人物埴輪像のなかには、頭に花を飾る人物の例を見出すことができない。それはなぜだろうか。

イザナミは火神を出産したとき、生まれ出ようとする子にその身を焼かれて死んだ。『日本書紀』の一説には、一書曰、伊弉冉尊、生火神を生みませる時、灼かれて神退去りましき。故に紀伊国熊野之有馬村に葬りき。土俗、此神之魂を祭るには、花の時は亦た花を以て祭る。又鼓吹幡旗を用い、歌い舞いて祭る。[*19]

とあって、このときイザナミの遺体は紀伊の国の有馬村に葬られたとある。土地の人は、花の季節には花をもって歌い舞い、この神の魂を祭るのだという。この伝承について和歌森太郎氏は、死霊を弔うのに花をもって祭るとすれば、花はすべて霊前に集中させるべきであり、参会の人びとの身にこれをつけることは、避けられなければならなかったであろうとの、興味深い指摘をしている。[*20] 葬送の場においては、花が霊前に集う生者たちの装身の具としてではなく、死者に捧げられるものとして位置づけられていることを物語っていよう（図5）。

埴輪は葬送儀礼を表現したものだともいわれている。だから埴輪像自身が花をまとうことがないのだと考えら

図5　三重県得熊野市有馬町　花の窟神社の祭礼
［出典：週刊朝日百科「植物の世界」12、1994年
（宇野五郎撮影／芳賀ライブラリー提供）］

れないだろうか。つまり葬送の場では、花は生者のものではなく、生者から死者に捧げられるものとしてあったので、そこに集う生者たちの身を飾ることはなかったのだと考えられる。

つまり、その場を支配する論理に応じて、花の位置づけは異なっていたのだ。生者の論理のなかでは、花は永遠の命を願う装身の具であり、死者の論理の支配する場では、花は霊を祭る具として死者の側に捧げられたのではなかったか。

このように、花が古くから死者に捧げられる存在であったことが、仏教における仏前への供花と結びついていったと考えられる。花が死者や仏への捧げものであったことが、生きている者同士が親愛の情の表現として花を贈り合う風習を、日本では最近まで根づきにくくさせた要因ではないだろうか。

対等な関係ではない花の贈答

餞別《せんべつ》を意味する「はなむけ」という言葉は、「馬の鼻向け」の意で、旅立つ人の馬の鼻を、行くべき方向へ向けて見送った習慣によるともいわれるが、和歌森太郎氏によれば、もともと送る側が、花を飾り立てて別れの宴を催すことからきたという。このように見てくると、花を贈る側と花を受ける側の間には、常に一線が引かれているという気がする。贈る側、贈られる側が、生と死、衆生と仏、残る者と旅立つ者など、立場、次元を異にする間で贈答が行われるのであり、少なくとも同じ次元、空間に立つ者同士でのやりとりはないのではないか。

花の贈答が一般化していないとはいいながら、例外は病気の人に花を贈る風習ではないだろうか。これは花の生命力を病人に類感させようという呪術的意味合いから解説されているが、これとて病人と健常者という落差の間で行われる贈答である。

さらに考察を進めてみよう。つきつめていくと日本での花のやりとりは、こうした落差のある人びとの間でのみ行われたのではないだろうか。

芸人、ひいき力士への心づけを「花」というのは、まず見物のときに造花を贈って、翌日お金を届けるならわしからきたものだという。[*21] 歌舞伎の「花道」も、ここを渡って客が役者に花を贈ったことから、この名がついたともされる。「花形役者」は、花を贈られるほどの才能の持ち主というのが本来の意味である。

また、芸者や遊女の料金を「花代」というのは、花に代わるものとしての金銭という意味である。このようにどの言葉も、遊芸者と客の間の花のやりとりに起源のあることが確認できよう。花は、客やパトロンが褒美として渡す金品の代名詞だったのである。[*22] これら遊芸者と客人の間にも、当然ながら落差がある。してみると花は、対等な人間の間で贈答されるものではなかったということが、ますます明白である。

集団のシンボルだった挿頭花

では頭に飾った花はどうだろうか。先にも述べたように「冠位十二階」の冠の制度では、元日などの儀式のときに、皇子・諸王・諸臣は、冠に造花である髻華を挿したが、ここではその基台である冠は、そもそも授与主体が天皇であり、天皇から与えられるものであったから、髻華も、天皇と官人という身分の格差の間で、上から下へ向かって与えられる存在だったということができよう。

やがて花をかたどった飾りをつけた冠は廃止されるが、頭に挿す花が天皇から与えられるものという位置づけは、長く残ったようである。

平安時代の宮中儀礼を伝える『西宮記』には、大嘗祭をはじめとする各種の祭礼や、列見、常考など、官吏の任命や昇進に関する行事のとき、儀式を司る上卿以下が天皇から藤花や桜、菊などの花を、冠の巾子に挿してもらうことになっていたと見える。

これを挿頭花といった（図6）。

儀礼の参列者が一律に天皇から冠に花を挿してもらうことで、天皇と花を与えられた参列者との身分関係が確認されたのであろう。ここで与えられた花は、王・大臣は藤、納言は桜、参議は黄花＝山吹と、種類に違いはあるが、いずれも生花である。これは髻華が、冠位十二階以来、金銀銅など、造花の素材によって身分を区別しようとしたのとは、大いに意味が異なっていよう。

いずれも天皇から受けた生花を頭に挿すことによって、公卿のメンバーシップを、天皇に対しても集団相互に対しても一律に示す効果をもったのではなかっただろうか。

島山に　照れる橘髻華に挿し　仕えまつるは　卿大夫たち[*23]

この歌は、天平勝宝四（七五二）年の新嘗祭《にいなめさい》のときに、藤原房前の第三子で、当時右大弁であった藤原八束が詠ったもので

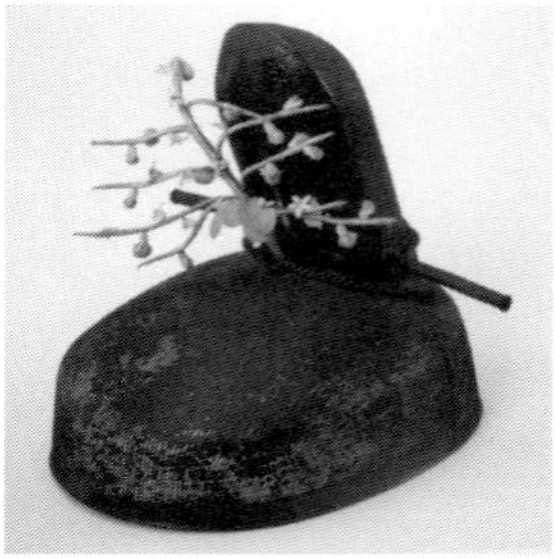

図6　大正天皇即位礼所用の紅梅花の挿頭を挿した冠（東京大学教養学部美術博物館）

ある。八世紀においても、儀礼のとき花を頭に挿すことが、天皇に仕える公卿のメンバーシップの視覚的表示になっていたことの証左でもある。

梅の花今盛りなり思ふどち挿頭にしてな今盛りなり[*24]

「いまが盛りの梅の花を心の合うもの同士、挿頭にしよう」とこの歌に詠われているように、人びとが同じように草花を髪に挿すことは、儀式や宴会に集う人びと、あるいは貴族たちなど、様々な集団の結合意識のシンボルになった。それは挿頭花が、天皇から一律に賜るもので、対天皇という関係において、公卿の集団意識のシンボルであったことに淵源しよう。

挿頭花との関連で興味深いのは、遊芸者や力士への心づけの花を、纏頭花《てんとうか》とか纏頭、纏頭物などということである。衣服などの下されものを、頭におしいただき、頭にかずき巻いて退出するから、と語源が説明されているが、和歌森太郎氏は、より古くには花を挿頭として受ける習慣があって、これが中世に衣服となり、近世には金品になったと推定している。[*25]つまり、これも花を上位身分者から頭に挿してもらう慣習に由来しているといえよう。

要するに日本では、花を贈られ、それを一様に頭に飾る側には集団の意識が芽生えても、花を贈る側と贈られる側の間には、そこに落差・格差が認められる以上、仲間意識、親愛の情は芽生えようがなかったのではないだろうか。

日本において花のやりとりが、同等の者同士、とくに恋人たちの間で行われることが長らく根づかなかったのは、あるいはこんなところに原因があったのかもしれない。

註記

＊1『万葉集』巻三―四一三

＊2『万葉集』巻一二―二九七一

＊3 井之本泰「丹後藤織り物語り（序）」（国立歴史民俗博物館編『よそおいの民俗誌』慶友社、二〇〇〇年所収）

＊4『古今和歌集』巻一六―八四一

＊5『古今和歌集』巻五―三〇七

＊6『山家集』巻中 雑 七八五・七八六

＊7『万葉集』巻一八―四一三六

＊8『万葉集』巻一九―四二八九

＊9 『万葉集』巻一九―四二七八
＊10 『万葉集』巻八―一四二九
＊11 『万葉集』巻一六―三七八六
＊12 『日本書紀』巻第廿二推古天皇一六年八月壬子、召唐客於朝廷、令奏使旨。時阿部鳥臣・物部依網連抱、二人為客之導者也。於是、大唐之国信物置於庭中。時使主裴世清、親持書、両度再拝、……（中略）…是時、皇子諸王諸臣、悉以金髻花著頭。亦衣服皆用錦紫繍織及五色綾羅。一云、服色皆用冠色。
＊13 『日本書紀』巻第廿二推古天皇一九年夏五月五日、
＊14 卜部兼方『釈日本紀』巻一四述義一〇 推古
＊15 冷泉家時雨亭文庫・NHK編集『冷泉家の至宝展』図録、一九九七年
＊16 『儀式』巻六（『新訂増補故実叢書』巻三一所収）
＊17 日本思想体系『古事記』補注 下巻―八一
＊18 『続日本紀』巻一七
＊19 『日本書紀』巻第一神代上第五段一書第五
＊20 和歌森太郎『花と日本人』草月出版、一九七五年
＊21 伊勢貞丈『貞丈雑記』
＊22 和歌森太郎『花と日本人』草月出版、一九七五年
＊23 『万葉集』巻一九―四二七六
＊24 『万葉集』巻五―八二〇
＊25 和歌森太郎『花と日本人』草月出版、一九七五年

第7章

花を詠う、花を描く
——文学・美術の中の花

高階絵里加

文字や絵画の歴史が始まって以来、花は詩歌や物語に詠われ、造形美術に表現されてきた。果物や野菜のように食用として役立ったり、大きな木のように人間を守ったりといった実用には適さないが、植物の中でも花は人間に愛され、洋の東西を問わず、芸術表現に大きなインスピレーションを与えている。

日本の詩歌における花

こころみに、日本の詩歌を例にとってみよう。「見渡せば柳桜をこきまぜて　みやこぞ春の錦なりける」（素性法師）、「菜の花や月は東に日は西に」（蕪村）のような情景に詠われる花は、その華やかな色彩やたくさん集まって咲くようすが、詩人の歌心に訴えている。花の美は、その色・形・香りを楽しむ人間にとって、視覚・嗅覚・触覚への感覚的よろこびである。

また、人間には、美しく装いたい、という本能がある。花は、この「かざりたい」という欲求にこたえる最初の装飾品のひとつだったのではないだろうか。日本の上代には、草木の花や枝などを髪に挿す習慣があったという。『万葉集』にある「梅の花今盛りなり思ふどち　挿頭《かざし》にしてな今盛りなり」（八二〇）の歌は、「さあ友よ、梅の花を髪飾りにしよう、今が満開ですよ（「思ふどち」は互いに気のあった友人のこと）」との意味であるというが、「挿頭にしてな」という句は、春になって華やいだ気分を親しい人と分かち合おうという、うきうきした高揚感をいかにもよく表している。

さらに、記憶を持つ動物である人間にとって、時間的・空間的に遠い世界、ここではない人や場所やものを思い出すときに、花がきっかけになることがある。「東風吹かばにほひをこせよ梅の花　主なしとて春な忘れそ」（菅原道真）や、「さつきまつ花たちばなの香をかげば　昔の人の袖の香ぞする」（よみひとしらず『古今和歌集』夏）においては、いずれも、花の香りが懐かしい場所や人の記憶を呼び覚ましている。「さまざまの事思ひ出す桜哉」という芭蕉の句は、ある年の春、久々に郷里の伊賀上野（三重県伊賀市）を訪ね、かつて仕えた藤堂家の庭で花見をしたとき、咲き誇る桜を前にして胸中に二〇年以上も前に若くして亡くなった主君の面影がよみがえった際に詠まれた一句であるという。現代ではたとえば、河野裕子の「夕闇の桜花の記憶と重なりて　はじめて聴きし君が血のおと」という歌において、身体の感覚的記憶が花のイメージとひとつになっている。

和歌に詠まれ、和歌のイメージをともなって語られる名所である「歌枕」は、しばしば特定の季節の景物と結びつけられた。「吉野の桜」はその典型のひとつであり、多くの歌に詠まれてきたが、この結びつきが逆に「桜」といえば「吉野」というように特定の場所を連想させることがある。この場合、地名と結びついた花のイメージは、個人のものであると同時に、日本という国に伝わる特定の文化の持つ、共同体の記憶を喚起する。西行の「吉野山去年のしをりの道かへて　まだ見ぬ方の花をたずねむ」（『新古今和歌集』春上）の歌を見れば、私たちは誰もがまだ見ぬ桜を待ち、咲き誇る花を思って心躍らせる。このように花は、感覚やイメージの記憶装置ともなる。

花は、比較的短時間のうちにつぼみから満開になり、やがてしおれ、散ってゆく。生命の循環がはっきりと眼に見えるかたちであらわれることから、自然の中でも、時間の流れをとりわけ強く感じさせるものである。このような花の持つ時間性は、「花の色は移りにけりな……」の歌にあらわれるように、時とともに移ろう人間の「生」の象徴にもなる。『古事記』の石長《いわなが》比売《ひめ》と木花《このはな》之《の》佐久夜《さくや》毘売《びめ》の説話にもあるように、人の命と花の命とは、もろく移ろい、はかなく消え去るその短さゆえに、いとおしむべきものであった。[*2] 正岡子規がその死の前年の明治三四年に詠んだ、「いちはつの花咲き出でてわが目には　今年ばかりの春ゆかんとす」の一首は、今年限りかも知れぬ自分の命と来年再び咲くであろう花の命との対比が、胸に迫る。「ためらひもなく花季となる黄薔薇　何を恐れつつ吾は生き来し」（松田さえこ）、「風もなきにざつくりと牡丹くづれたりざつくりくづるる時の至りて」（岡本かの子）。時がくればためらいなく咲き、また時が来ればためらいなく散る花の姿は、これらの歌において、どこかで人の生き方と重ねあわされているだろう。

日本においては、満開の花だけが賛美されてきたのではない。「花はさかりに、月はくまなきをのみ見るものかは」（『徒然草』第一三七段）ともいう。最高潮のときではなく、むしろ散りゆく花にはかなさの美「あはれ」をみる感性は、「いづれの花か散らで残るべき。散るゆゑによりて、咲くころあれば珍しきなり」（世阿弥『風姿花伝』）という美学さえも生んだ。

西洋絵画の花

花は、西洋世界においても生命の象徴である。そこでは「移ろいの美学」というよりは、春になると必ず咲き誇る再生の力、その生命力と繁殖力に、まず目が向けられた。

一五世紀後半に描かれたボッティチェッリの《春》（図1）には、さまざまな人物像とともに、たくさんの花々が描きこまれている。画面右半分では春を運んでくる西風のゼフュロスが木々の幹をしならせ、冬の大地のニンフであるクロリスをちょうど捕まえたところである。西風から逃げるニンフがその手に触れられた瞬間、口から美しい春の草花があふれ出て、こぼれ落ち、そのまま花の女神フローラの衣装を飾る花になる。クロリスは、花の冠と衣裳をつけたフローラに変身し、ここに春の訪れが美しく劇的に表現されている。《春》の発想源には諸説あるが、エドガー・ウィントはオヴィディウスの長編詩『行事暦』の春の部分の以下のような一節ではないかとの仮説を出した。「私は今はフローラと呼ばれているが、昔はクロリスであった。……時は春、……ゼフュロスが私の姿を見つけた。……ゼフュロスは追いかけ、私は逃げた。だが彼のほうが強かった。……彼は……私を花嫁にしてくれた。……私は永遠の春を楽しんだ。……[*2]」。春になって大地の上に暖かい西風が吹き渡り、新しい生命を生み出す。この絵の中に実は「春」の女神は登場しないのだが、画面左端のメルクリウスは「死の使者」であり、つまりこの「春」は「死」の後に続くよみがえりとしての、新しい生命がふたたび生まれる復活としての「春」なのである。

　この作品の制作動機としては、ロレンツォ・ディ・ピエルフランチェスコ・デ・メディチの婚礼を記念する祝婚画であったとする説が広く認められており、完成後には新婚の部屋に飾られていた可能性が高いという[*3]。画中には四〇種類以上の花々が識別

図1-1　ボッティチェッリ《春》1478年頃、ウフィッツィ美術館
Botticelli, *Primavera*, Galleria degli Uffizi

図1-2　ボッティチェッリ《春》（部分）

でき[*4]、しかも、背景のオレンジの木々は結婚のシンボルであり、フローラのまくバラの花は愛を、クロリスの口からこぼれ落ちるツルニチニチソウは婚姻の絆を表すといった象徴的な意味を、それぞれ帯びているといわれる[*5]。中央の一段高い場所に立つ愛の女神ヴィーナス、その両側の三美神とフローラ、そして画面全体に咲き乱れる花々は、春が新しい生命をもたらす愛の季節であることを示すのであろう。もし《春》が結婚の記念画であったとする説が正しいならば、ここに描かれている花々は、その目的にまことにふさわしいシンボルであるといえる[*6]。

《春》は、少なくとも一見したところでは、異教の神々の世界を描いていた。一方、花に象徴的な意味を持たせることは、とりわけキリスト教美術の伝統においてよく行われた。キリスト教における花とその象徴的意味との結びつきは、もともとは花や葉の形状、咲き方、名称に関連していることが多いという[*7]。スミレは先が三つに分かれた葉の形と頭を下げて咲く様から、「三位一体」および「謙譲」を、カーネーションはその語（ラテン語のcarnatio）から「受難」・「受肉」あるいは「救済の希望」を、スズランは頭を下げて咲く様子から「謙譲」を、オダマキは花が鳩に似ていることから「精霊」を、スイセンも花の形がラッパに似ていることから「神の告知」を、さらにバラ・ナデシコ・カーネーション・アイリスなどは、刺がある、花弁の先が尖っている、剣状の葉を持つなどの特徴から「受難」を表す、といった具合である。[*8]

また、花は女性のイメージと結びつきやすいためか、聖母マリアに関連した花の象徴もよく見られる。たとえば白いユリは「マリアの純潔」を表すことから、天使がマリアに懐妊を知らせるお告げの場面には、白ユリの花が描かれていることがきわめて多い。シモーネ・マルティニ《受胎告知》(図2)はその一例である。ここで天使のお告げの言葉「AVE GRATIA PLENA DOMINUS TECUM(幸いなるかな、恵みに満ちたものよ、神は汝とともにあり)」は、そのまま文字として画面に書き込まれ、視覚的な声となってマリアに向かってゆくが、ユリはちょうどその重要な言葉と重なるようにして、画面中央に置

図2　シモーネ・マルティニ《受胎告知》1333年、ウフィッツィ美術館
Simone Martini, *Annunciazione*, Galleria degli Uffizi

かれている。受胎告知の場面と白ユリの伝統はきわめて強く、ロセッティの《見よ、われは主のはした女なり（受胎告知）》（図3）に見られるように、一九世紀になっても受け継がれている。

マリアに関連する花としては、そのほか聖母の「清純」・「潔白」・「愛」を表す白

図3　ダンテ・ゲイブリエル・ロセッティ
《見よ、われは主のはした女なり（受胎告知）》
1849-50年、テイト・ギャラリー
Dante Gabriel Rossetti,
《*Ecce Ancilla Domini!*》(*The Annunciation*),
Tate Gallery

バラがある。マリアがしばしば「刺のないバラ」と呼ばれたり、バラ園の中に「バラ園の聖母」として描かれたりするのはこのためであり、もともとは『黙示録』や『雅歌』の記述によっているという。[*9] また天上の女王としての「威厳」を表すアイリスも、聖母の花である。

キリスト教絵画では、これらの花が聖母子や聖人像とともに画面に描かれてきた歴史が長い。したがって、その後静物画が登場し、花が単独で描かれるようになっても、花々の持つこういったキリスト教的なシンボリズムは部分的に残ってゆく。

一五世紀末から一六世紀にかけて、オランダとフランドル地方を中心に、人間を描かない絵画であるいわゆる静物画が登場する。静物画の中でも、花は最もよく描かれた主題の一つであり、純粋に写実的に花そのものを描くこともあるが、またさまざまな静物の中に花が描かれる場合、寓意的・教訓的な意味を持つことがある。

一七世紀フランスの画家であるボージャンの手になると伝えられる《チェス盤のある静物》(図4)は、一見身の回りにある日常の平凡な品々を描いているように見えながら、実は「五感」の寓意を隠している。「五感」とは視覚・聴覚・触覚・嗅覚・味覚の人間の五つの感覚を象徴的に表すもので、中世以来の伝統を持つ絵画表現であ

図4　リュバン・ボージャン（伝）《チェス盤のある静物》17世紀、ルーヴル美術館
Lubin Baugin, *Still Life with a Chessboard*, Musée du Louvre

る。たとえば《チェス盤のある静物》では、視覚はものを映す鏡とガラスの花瓶によって、聴覚は楽器と財布（貨幣の触れ合う音）によって、触覚は手にとって遊ぶチェスとトランプによって、味覚はパンと葡萄酒によって、そして嗅覚は花（とおそらくは葡萄酒）によって象徴されている。「五感」は単に感覚をもので表した遊びではなく、そこには、死とともに消え去る現世の感覚はすべて虚しいという、キリスト教の世界観が色濃く表れている。

「五感」と似たような寓意画に「ヴァニタス」絵画がある。「ヴァニタス」とは人の生のはかなさを意味し、真の命は神の永遠の世界にのみある、したがってこの世に執着しまどわされてはならない、という宗教的教訓を絵画にしたもので、現世の楽しみを表すさまざまな事物とともに、その虚しさを強調する髑髏がしばしば描かれる。一部の「ヴァニタス」絵画にはしおれかけた花が描かれているが、これもまた「枯れてゆく花と同じように、肉体をはじめ形あるものが必ず朽ちはてる運命にある現実の世界は、虚しい」という訓戒なのである。そのほかの花の寓意では、宇宙を構成する四つの元素である「四大」すなわち大地・水・火・空気のうち「地」をあらわすモチーフとして、果物とともに描かれることもあった。

図5　ヒュー・キャメロン
《キンポウゲとヒナギク
（画家の娘）》
1881年頃、
スコットランド国立美術館

Hugh Cameron,
Buttercups and Daisies
(*The Artist's Daughter*),
The National Galleries of Scotland

図6　ジョージ・
フレデリック・ワッツ
《エレン・テリー
（《花選び》）》
1864年頃、
ナショナル・ポートレート・
ギャラリー

George Frederick Watts,
Ellen Terry ("*Choosing*"),
National Portrait Gallery

花の象徴は「花言葉」としても人口に膾炙するようになる。とりわけ一九世紀に入ってからは、フランスやイギリスで花言葉に関する書物が数多く出版された。花言葉には、「白ユリは純潔」のようにキリスト教における意味を受け継いでいるもの、もっとひろくギリシア神話や民俗的な伝説にもとづいているもの、花の色や形からの連想でつくられたものなど、さまざまあり、それが絵画や文学にも取り入れられてゆく。なかでも物語性と象徴性の強いヴィクトリア朝の絵画においては、一見そう見えないような作品にまで、花言葉にもとづくシンボリズムが隠されていることがある。[*10]

エディンバラ生まれの画家であるヒュー・キャメロンが三歳の娘を描いた《キンポウゲとヒナギク（画家の娘）》（図5）は、ごく普通の肖像画に見えるが、娘が手に持つ白いヒナギクとキンポウゲの花言葉はそれぞれ「無邪気さ」と「子供らしさ」であり、この二種類の花がとりわけ幼い子供と結びつくような花言葉を持つがゆえに選ばれたことがわかる。さらに、ヒナギク（デイジー）の別名マーガレットはこの娘の名前でもあり、おそらくこの時代には、子供に名前をつけるときにも花言葉が考慮に入れられたことがあったのではないだろうか。

ジョージ・フレデリック・ワッツの《エレン・テリー（《花選び》）》（図6）も肖像画である。モデルのテリーは、九歳で『冬物語』の舞台を踏んでデビューして以来、多くの人々を魅了してきた女優であった。肖像画の彼女は一七歳。一五歳のときに出会った、三〇歳近く年上のワッツと結婚して間もない頃である。《花選び》という題名でも知られるこの肖像には、二種類の花が描かれている。テリーが顔を寄せ、香りをかごうとしているのは椿の花。しかしいうまでもなく、椿に香りはほとんどない。派手だが香りのない椿を、画家は舞台生活の象徴として描いた。一方、女優の左手にのっている、目立たないが香りの良い花はスミレである。ここには、華やかな劇場の生活に心惹かれ明け暮れる幼い妻も、やがてはつつましいが薫り高いスミレのような普通の生活の尊さに気づくであろう、という画家のメッセージが込められているのである。*二

ロセッティやハントとともにラファエル前派の創立メンバーの一人であるジョン・エヴァレット・ミレイの《オフィーリア》（図7）は、シェイクスピアの『ハムレット』の一場面である。亡き先王の家臣ポローニアスの娘であるオフィーリアは、ハムレットに思いを寄せている。けれども、母と叔父への復讐心と人生への懐疑にとらわれているデンマーク王子は、その心を知りながらつれなく振舞い、しかも皮肉な偶然のめぐり合わせでポローニアスを誤って刺し殺してしまう。愛を受け入れられず、そのうえ思う相手に父親の命を奪われたオフィーリアはついに正気を失い、小川のほと

りで花を摘もうとして溺れてしまう。よく知られているように、この場面は実際に舞台で演じることはできないので、王妃ガートルードの目撃談の形で語られる。

「小川のふちに柳の木が、白い葉裏を流れにうつして、斜めにひっそり立っている。オフィーリアはその細枝に、きんぽうげ、いらくさ、ひな菊などを巻きつけ、それに、口さがない羊飼いたちがいやらしい名で呼んでいる紫蘭《しらん》を、無垢《むく》な娘たちのあいだでは死人の指と呼びならわしているあの紫蘭をそえて。そうして、オフィーリアはきれいな花環《はなわ》をつくり、その花の冠を、しだれた枝にかけようとして、よじのぼった折も折、意地わるくも枝はぽきりと折れ、花環もろとも流れの

図7　ジョン・エヴァレット・ミレイ《オフィーリア》1851-52年、テイト・ギャラリー
John Everett Millais, *Ophelia*, Tate Gallery

うえに。すそがひろがり、まるで人魚のように川面《かわも》をただよいながら、祈りの歌を口ずさんでいたという、死の迫るのも知らぬげに、水に生《お》い水になずんだ生物さながら。ああ、それもつかの間、ふくらんだすそはたちまち水を吸い、美しい歌声をもぎとるように、あの憐《あわ》れな牲《いけに》えを、川底の泥《どろ》のなかにひきずりこんでしまって。それきり、あとには何も」[*12]。

舞台上では見ることのできない哀れなヒロインの死の場面は画家たちの想像力に訴え、ミレイ以前にもたとえばドラクロワが描いているが、ミレイは王妃のせりふにとりわけ忠実に、この悲劇を絵画化した。横長の画面と平行に流れる小川に横たわるように、体を半ば水に沈めた少女が、歌いながら運ばれてゆく。小川の岸辺、彼女の顔の周辺や、たっぷり水を含んだ銀白色のドレスの周囲には、さまざまな花々や草木が茂り、浮かんでいる。その描写は、一本一本の種類が見分けられるほどに克明で細かい[*13]。

ガートルードのせりふにあらわれる植物はすべて、オフィーリアの性格や運命に結びつく象徴を帯びている。キンポウゲとヒナギクは彼女の「純粋」「無垢」「無邪気さ」を、刺を持つイラクサは「受難」や「苦しみ」を、そして岸辺の柳は「追悼」を表す。劇中でも別名「死人の指」と呼ばれる紫蘭は、「死者の思い出」にささげられる花である。またこの場面の少し前の第四幕第五場で、狂気に陥ったオフィーリアは、王や王妃をはじめ人々に花を配ってまわる。兄のレイアーティーズには、「あたしを忘れないように──ね、お願い、いつまでも」と言いながら「愛のこもった思い出」を示すマンネンロウ（ローズマリー）と「もの思い」を表す三色スミレが、王にはウイキョウ（「おべっか」）とオダマキ（「不義・愚かさ」）が、王妃にはヘンルーダ（「悔い改め・哀れみ」）が、それぞれ手渡されるが、ミレイはこれらの花々も画中に描きこんでいる。

そのほか、ミレイがさらに付け足した花の象徴もある。娘の右のこめかみ近くと服の裾の下方に一輪ずつ浮かぶピンク色の野バラは、オフィーリアの「若さ」「愛」「美」を示すと同時に、つぼみのまま切り取られていることによって、愛も美も若さも一度に断たれてしまうその皮肉な運命を暗示する。首まわりに捲かれているネックレスのような花輪は、「忠実」「謙虚さ」「控えめ」「清純」を表すヴィオラ（小型のスミレ）。また、その名の通りの花言葉「私を忘れないで」がよく知られているワスレナグサ、「悲しみ」を表すフクジュソウも、水面に見える。そして、画面のほぼ中央近くにひときわ目立つ鮮やかな赤い花は、オフィーリアの最終的な運命である「眠り」と「死」を象徴するケシの花である。劇作家が効果的に用いた花のシンボリズムを、画家はこの絵の通奏低音として用い、とくに「若さと美」を容赦なく奪う「死」の残酷さを強調した。それは、イギリスでは葬式の花とされているヘンルーダ、ローズマリー、ヴィオラの存在によって、[*14]また祭壇画のように左右上部を曲線に切り取った額縁の形によって、さらには両腕を左右にひろげた十字架上の犠牲者のようなオフィーリアのポーズによっても、明らかである。これは一種の追悼画でもあり、若き乙女はすでに、あたかも棺の中の花に囲まれた遺骸のように描かれているのである。

中国美術の花・日本美術の花

では、東洋においても、花は何らかの意味を込めて描かれてきたのだろうか。描かれた植物すべてがそうであるとは限らないが、花鳥草木という自然の要素を芸術に取り入れてきた伝統の長い中国や日本にも、花や木のシンボリズムは見られる。中国では昔から、豊かな教養とすぐれた人徳を兼ね備えた文人のモチーフとして、「松竹梅」や「四君子」が知られている。「松竹梅」は「歳寒三友」ともいい、厳寒に耐える松竹梅の姿を、苦難にあっても節操を曲げぬ精神と生命力を持った三人の友人になぞらえて、友情の証ともされる。[*15]「四君子」は蘭・菊・梅・竹をいい、やはり品高く徳行のそなわった人を象徴するもので、「松竹梅」とともにとりわけ文人の絵画に多く描かれた。

中国の絵画や工芸品においては吉祥に関連する植物モチーフが多く、[*16]特徴的なのは漢字の音からの連想がしばしば用いられることである。たとえば蓮は「レン」の音が「恋」に通じることから恋愛、結婚への、またハスの花の別名「荷花」が「和」や「合」と同音（he）であることから夫婦和合への連想を導き、また「レン」は「連」にもつながるので子孫繁栄や、男子の誕生と健やかな成長への願いを表す。同じように罌粟は「罌」が「嬰」「迎」（ying)と同音であることから子供の誕生の祈願として描かれるという。ウリ、ブドウ、マメなど蔓性の植物もよく中国絵画に登場するが、蔓が連綿と続くさま、瓜が次々と実をつけることからこれにも子孫繁栄への願いが込められている（図8）。同じように、粒の多いブドウやザクロも豊饒と永続、多子と子々孫々繁栄のイメージに結びついていた。そのほか、朝を告げることから古来太陽に

図8　呂敬甫《瓜虫図巻》明、根津美術館

近い陽鳥とみなされた鶏に似たケイトウ、やはり向日性であることから太陽とのかかわりが深いタチアオイ・トロロアオイなども、吉祥モチーフであるという。

日本美術の花は、もともとはおそらく大陸文明の移入がその源流にあり、唐代における花の愛好趣味が日本にもたらされたのが、日本人と花との本格的な出会いとなった。[*17] 仏教美術を荘厳《しょうごん》する蓮の花は、大陸を起源とする花の中でも、日本人に親しまれた代表であろう。一方、中世の来迎図の背景に描かれる桜や楓は現世の浄土としての自然を象徴し、花とともに往生することを願う人の心を表している、という辻惟雄氏の指摘は興味深い。[*18] そこには、自然とともに生き、自然に抱かれて心安らぎ、浄土にさえ現世と同じような山川草木を求める日本人独特の自然観が表れているようにも感じられる。

日本美術における花の表現のもう一つの特徴は、その文学性、象徴性、暗示性であろう。尾形光琳の《燕子花図屏風》（図9）は、金地の背景にカキツバタの花だけをリズミカル

図9-1　尾形光琳《燕子花図屏風》（向かって右隻）18世紀前半、根津美術館

に配置する簡潔な構図だが、その背後には『伊勢物語』九段のいわゆる「東下り」の場面がある。都を離れた在原業平の一行が三河の国の八橋というところへ差し掛かると、水辺にカキツバタが咲き誇っている。たいへん見事である。そこで一句詠もうではないかということで、業平は「か・き・つ・ば・た」の一文字ずつを五・七・五・七・七の上につけた「から衣きつつなれにしつましあれば　はるばるきぬるたびをしぞおもふ」という都の妻を恋う歌を詠み、同行の人々も都を思い出してほろりとした。当時の人々は、よく知られたこの東下りの物語や情景を思い浮かべながら、この屏風を眺めていたのである。同じ主題を蒔絵にしたものが《八橋蒔絵硯箱》（図10）であり、こちらはカキツバタに加えて八橋も螺鈿《らでん》でデザインされている。

日本の絵画や工芸品において、人間のいない風景や自然モチーフがその裏に何かの歌や物語を秘めていたり、特定の人物の暗示であったりすることは稀ではなく、水辺に咲

図9-2　尾形光琳《燕子花図屏風》（向かって左隻）

き乱れる菊だけの場面が実は「菊慈童」を表している、夕顔の花だけを描いていても『源氏物語』を示唆している、といった例は数多い。このように、人々が花だけを見て特定の文学や象徴をすぐに思い起こすためには、そこに、ある文化の伝統が共有されていなくてはならないが、逆に私たちは今、残されている数々の花鳥草木の意匠を手がかりに、その背後にあるゆたかな日本文学の世界に入ってゆくことができるのである。

花々は日本において、自然の中に咲いている姿で表現されることが多い。《燕子花図屏風》のカキツバタは、無地の金地背景の上に装飾的に描かれてはいるが、屏風として立てられると、描かれていない地面からカキツバタがみずみずしく生えている印象を受ける。西洋美術において多く描かれてきた切り花や花瓶に挿した花に対し、日本の花は、人間の手で摘み取られ整えられた姿よりは、生命感あふれる生きた姿のままに描

図10　尾形光琳《八橋蒔絵硯箱》18世紀前半、東京国立博物館

図11　五百城文哉《百花百草図》1903（明治36）年頃、栃木県立美術館

かれてきた。[*19] 明治期の洋画家である五百城文哉《いおきぶんさい》は、独特な写実的植物画を数多く残したことで知られ、その植物写生図は植物学的知識に裏付けられた細密な描写だが、たとえば同じように博物学的視点から描かれる西洋のボタニカルアートが標本を写したような描写であるのに対し、五百城文哉の植物画には山や岩、水辺などの背景が必ず描かれ、花々は自然の中でいきいきと息づいている[*20]（図11）。

花の東西交流

一九世紀後半になると、花の東西交流の時代がおとずれる。国を開いた日本には西洋諸国からさまざまな舶来植物が入ってきたが、逆に異国の花や草木も西欧世界に知られるようになり、珍しい植物の愛好家たちを魅了した。

印象派の画家であるクロード・モネは、一八八〇年代からセーヌ河支流のほとりの町であるジヴェルニーに家と土地を購入し、絵画制作に負けないほどの情熱を庭づくりに注いでいる。とりわけ大きな池は、わざわざ許可を申請して河の流れを迂回させて掘ったもので、池の周囲には藤棚としだれ柳が風に揺れ、水面に次々に咲く異国種の睡蓮は、その上にかけられた日本風の太鼓橋とともに、晩年のモネの絵画のおもな主題となった（図12）。

一方、明治期の日本において、世紀末ヨーロッパの花の象徴性にとりわけ鋭敏に反応した作家は、夏目漱石であろう。明治三三年から三五年にかけてイギリスに留学した漱石は、帰国後次々に発表した小説の随所に、花のイメージをちりばめた。題名そのものが花の名前である『虞美人草』（明治四〇年）にはじまり、『三四郎』（明治四一年）では、都会の少女である美禰子が、九州出の大学生である三四郎を誘惑し翻弄する。小説の末尾近く、教会から出てきた美禰子が三四郎の顔の前に差し出すハンカチからはヘリオトロープの鋭い香りが立ちのぼり、三四郎は思わず顔を引く。漱石は、嫁いでゆく美禰子の心を、この花の香に託したのだろうか。さらに印象深いのは、『それから』（明治四二年）の、三千代が代助を訪問する場面

図12　クロード・モネ《睡蓮》1906年頃、大原美術館

だろう。三千代は白い大きなユリの花束を持って、夫の親友を訪ねてくる。三千代が来る少し前に代助が部屋にいけた花は、白ユリと同じ「純潔」の花言葉を持つスズランであった。外は雨。甘く強い花の香の中で、代助は三千代に「離れ難い黒い影」をみる。白ユリは、「黒い影を引き摺って」いる三千代の魂の姿なのだろうか。そこには、『夢十夜』の第一夜で、死の一〇〇年後に白いユリの花としてよみがえる女のイメージも重なっている。

鏑木《かぶらき》清方《きよかた》の《一葉女史の墓》（図13）は、明治三〇年代の浪漫主義的、文学的な雰囲気をよく伝える、清方二四歳の作品である。明治二九年一一月に世を去った樋口一葉の墓を『たけくらべ』のヒロイン美登利が訪れるという、現実のように見えて実際には幻想の場面[*21]。空には細い月がかかり、一葉忌に合わせたように、墓前には晩秋の花であるサザンカが供えられ、少女の着物の柄は赤とんぼ、その足元には枯葉が舞う。美登利が胸に抱く水仙の花は、小説の末尾の一節に「或る霜の朝水仙の作り花を格子門の外よりさし入れ置きし者の有けり」とあるとおりで、『たけくらべ』に親しんでいた明治期の人々には、この少女が美登利であることはすぐに分かったであろう。花の文学的な象徴性がいわば「絵解き」の鍵になっている点で、《一葉女史の墓》は、《燕子花図屏風》のような江戸芸術の伝統を受け継いでいる。一方、清方は、この作

図13　鏑木清方《一葉女史の墓》1902（明治35）年
鎌倉市鏑木清方記念美術館

品を描く少し前に、尾崎紅葉の『金色夜叉続編』の口絵としてお宮入水の場面を描いているが、水に浮かぶお宮の姿について、「何かで見たオフエリヤの水に泛ぶ潔い屍」を思い浮かべた、と後に回想している。この「オフエリヤ」とは越智治雄氏の指摘のとおり、ミレイの《オフィーリア》（図7）をさしていると考えられる。[*22] 映画の一場面のような《一葉女史の墓》にも、見る者の情緒に訴えるような主題、人物のポーズや衣装や小道具に凝った場面設定など、ラファエル前派の作品と共通する手法が見出せる。明治三〇年代の日本美術において、東西の花のシンボリズムは出会ったのである。

おわりに

人はなぜ、花を詠い、花を描いてきたのだろうか。

花そのものに力はなくとも、人は花に思いと意味を込めることができる。あるときは神や仏への祈りを込めて、あるときは現世の幸福への願いを乗せて、あるときは世界や宇宙の真理を表す言葉の代わりに、またあるときは今ここにない人や場所やものを思い出すよすがとして、そしてあるときは生命と繁殖力の象徴として、花は愛でられ、詠われ、描かれてきた。
とりわけ日本人にとって、花のはかなさ、移ろいやすさは、その命の短さゆえにいとおしむべきものであり、その内に「死」を宿命的に含む「生」の、あるいは「生」がもっとも輝く「愛」の時間の象徴でもある。

さくらさくらさくら咲き初め咲き終わり　なにもなかったような公園　俵万智
赦せよと請うことなかれ赦すとは　ひまわりの花の枯れる寂しさ　松実啓子

限りある一瞬の時間を咲き映える花は、しかし、ただはかなく美しいだけなのだろうか？　臆面もなく開き、散るその姿は、どこかあからさまで見るに耐えなくはないだろうか？　疲れた心にとって五月の新緑が眼にまぶしすぎるように、不安な魂は時として、花の輝かしさや甘いにおいから、逃げ出したくはならないだろうか？

憂鬱なる桜が遠くからにほひはじめた
桜の枝はいちめんにひろがつている
日光はきらきらとしてはなはだまぶしい

（……）

遠く桜のはなは酢え
桜のはなの酢えた匂いはうつたうしい
さうして日光が遠くにかがやいてゐる
けれども私はこの暗い室内にひとりで坐って
思ひをはるかな桜のはなの下によせ
野山にたはむれる青春の男女によせる
ああいかに幸福なる人生がそこにあるか
なんといふ喜びがかがやいてゐることか
いちめんに枝をひろげた桜の花の下で
わかい娘たちは踊りををどる
娘たちの白くみがいた踊の手足
しなやかにおよげる衣装
ああ　そこにもここにも　どんなにうつくしい曲線がもつれあってゐることか
花見のうたごゑは横笛のやうにのどかで
かぎりなき憂鬱のひびきをもつてきこえる。

（……）

ただいちめんに酢えくされたる美しい世界のはてで

遠く花見の憂鬱なる横笛のひびきをきく。

（萩原朔太郎「憂鬱なる桜」）

美しさと憂鬱と——人が花に感じる魅力を、その裏面まで、詩人はこの一篇にすくいあげている。

註記

＊1　山本健吉「花の美学」『いのちとかたち—日本美の源を探る—』新潮社、一九八一年、三〇二～三〇五頁

＊2　Wind, Edgar, *Pagan Mysteries in the Renaissance*, New Haven, 1958.　邦訳は、高階秀爾『ルネッサンスの光と闇』（中公文庫版、一九八七年、二一五頁）によった。

＊3　鈴木杜幾子「作品解説」高階秀爾・鈴木杜幾子編『ボッティチェッリ全作品』中央公論美術出版、二〇〇五年、二五二～二五三頁

＊4　Levi D'Ancona, Mirella, *Botticelli's Primavera: A Botanical Interpretation Including Astrology, Alchemy and the Medici*, Firenze: Olschki, 1983.

＊5　鈴木杜幾子「ボッティチェッリと古代復興」前掲『ボッティチェッリ全作品』一九九〜二〇四頁

＊6　求愛・求婚のとき、祭りのとき、病人に、あるいは墓の前に、人は花を贈る。なぜだろうか。これについて、フロイト派の精神分析学者であるマリー・ボナパルト（一八八二〜一九六二）は、「死と花」（一九三三年）（『精神分析と文化論』弘文堂、一九七一年）において、人が花を贈るのは、花が死を退け、否定するものであるからだ、と考察する。ボナパルトによれば、花は植物の生殖器官であり、その象徴は両性的で、時には女性器を表すが、恋に落ちた男が女に贈る花は男根的であるという。男根的象徴はみな生の象徴である。死に瀕した病床の、棺の上の、そして墓の上の花は、死を否定する意味を持っている。花は春ごとに、不死鳥のように大地から再生する。花を病床に、棺に、墓に供えることは、愛する者の死の否定、ひいてはわれわれ自身の死の否定である。このようにして死者は愛しているものの中に生き続ける。われわれが死者に花をささげるのは、彼らについての思い出に対してであり、われわれの中での彼らの生に対してである。人間の記憶はやがて消えうせてしまうが、墓の前の花は枯れた後にも新しい花が続く、それは父の後には子供が続くことの象徴である。ボナパルトの解釈では、花は死に対する強烈な抵抗であり、死者の永遠のそばでの生の永遠の問題を提示しているのである。

＊7　小林頼子『花のギャラリー　描かれた花の意味』（改訂新版）八坂書房、二〇〇三年、一七二頁

＊8　キリスト教美術と静物画における花のシンボリズムについては、上記註7の文献のほか、おもに以下の文献を参照した。Sterling, Charles, *La Nature morte de l'Antiquité a nos jours*, 1952. サム・セガール監修・執筆（小林頼子訳）『花の系譜―オランダ絵画の四〇〇年』（展覧会図録）東京ステーションギャラリー他、一九九〇年。中森義宗『キリスト教シンボル図典』東信堂、一九九三年。

G・ハインツ=モーア『西洋シンボル事典―キリスト教美術の記号とイメージ』八坂書房、一九九四年。エリカ・ラングミュア（高橋裕子訳）『静物画』八坂書房、二〇〇四年

＊9 矢崎美盛『アヴェマリア マリアの美術』岩波書店、一九五三年、八七～八八頁

＊10 花言葉とヴィクトリア朝の花のシンボリズムについては、おもに以下の文献を参照した。Debra N. Mancoff, *Flora Symbolica, Flowers in Pre-Raphaelite Art*, Prestel, 2003.

＊11 テリーの生涯と《花選び》に関しては、以下の文献を参照。高階秀爾「無冠のイギリス女王 エレン・テリー」『世紀末の美神たち』青土社、一九九七年

＊12 『ハムレット』第四幕第七場（福田恆存訳）新潮文庫、一九七九年、一五三～一五四頁。以下せりふの引用はすべて本書による。

＊13 制作にあたり、画家はまず、一八五一年の夏から初冬にかけてロンドンの南西三五マイルに位置するユーエルに滞在して、河畔で背景のために野生の草木や花を写生した。そのため、実際にはやや異なる季節に咲くはずの花々が、画面にはすべて一緒に描かれている。画家にとって戸外の写生は楽ではなく、猛暑や虫刺されから風雨や寒さや雪にまで見舞われたミレイの苦労談が、日記や手紙に残されている。花や草の描き方は大変正確で、その後植物学の授業にも使われたこともあったほどであるという。また、風景の中の人物というジャンルでいえば、物語絵画において自然は人間の背景に過ぎなかった歴史の長い西洋の伝統には珍しく、まず自然描写を優先的に時間と手間をかけて行い、一方、人物のほうはあとからアトリエで比較的短時間で描かれている。（この作品に関しては、きわめて詳しい解説であるテイト・ギャラリーの公式サイトを参照した。http: //www. tate.org. uk/ophelia / 2006）

＊14 古代よりヴィオラは葬儀に使われてきた花で、死者の体を包み、墓穴や墓所の周りにも置かれたという（東洋とは異なり、西洋において紫は弔いの色とされる）。またローズマリーも、その香

りが病人や死者の燻蒸用に用いられたり、匂いが死体保存に役立つと考えられ、その常緑性が永遠性の表象とされたことから、葬儀や墓に関連の深い植物である。C・M・スキナー『花の神話と伝説』八坂書房、一九八五年

*15 この「松竹梅」はもちろんその後日本にも伝えられ、一九世紀末には、はるかヨーロッパにまで渡った。女流詩人のジュディット・ゴーティエは、フランス北部サン・テノガの町にある自らの別荘に日本人画家の山本芳翠を招き、芳翠はおそらくその返礼と友情の証として、別荘の庭園内に建つ離れの内部に「松竹梅」の壁画を描き残している（高階絵里加『異界の海―芳翠・清輝・天心における西洋―』三好企画、二〇〇〇年、五七～六五頁）。日本・韓国・中国における「松竹梅」のイメージとその意味については、「シンポジウム　松竹梅のメッセージ―芸術と生活と山川草木―」『Aube―比較藝術学　第一号』（京都造形芸術大学比較藝術研究センター、二〇〇六年一一月）も参照。

*16 以下、吉祥モチーフについては、宮崎法子『花鳥・山水画を読み解く　中国絵画の意味』（角川叢書二四、二〇〇三年）をおもに参照した。

*17 辻惟雄「花の美、花の意匠―花と日本美術」『花の変奏　花と日本文化』ぺりかん社　一九九七年、六～七頁

*18 前掲辻論文、一六～一八頁

*19 幕末の洋風画である秋田蘭画（小田野直武《不忍池図》、佐竹曙山《燕子花にナイフ図》）や長崎系洋風画（若杉五十八《花籠に蝶》）などでは、籠や花瓶に挿した花や鉢植えの花卉がしばしば描かれるが、これは、オランダ絵画などに見られるこれらの花の表現が、当時の日本において西洋的だと考えられたためではないだろうか。

*20 『甦る明治の洋画家　五百城文哉展　咲き競う百花百草』（展覧会図録）東京ステーションギャラ

リー、二〇〇五年

＊21　過去の芸術家をその作品の登場人物が追悼し、オマージュを捧げるいわゆる〈芸術家礼賛〉の図像の先例として、ファンタン゠ラトゥールの《ベルリオーズ礼讃》などがある。

＊22　「鏑木清方」『共同討議　芸術の精神史』淡交社、一九七六年、二六六〜二六七頁

第8章

花を喰らう人びと

秋道智彌

花と人間のかかわり

人間は花にたいしてさまざまな想いや観念を抱いてきた。花の色や形の美しさ、かぐわしい匂い、開花してもほどなくして散る一過性。これだけの性質をとってみても、花が人の感性や美意識、情念、さらには超自然的な世界とのかかわり方に影響を与えてきたことは想像に難くない。人間は目に見えない世界を目に見える花に託して表現してきたともいえよう。

　花は人間の文化のなかで多様な意味を与えられたものとして登場する。それを整理すると、おおまかに三つの位相に分けて考えることができる[*1]。第一は、ことば、詩歌、文学などの言語表現として表される世界であり、花ことばがその典型である。一年三六五日の毎日に花ことばがあることも驚くべきことだ。もちろん、花と花ことばの関係は恣意的である。森山倭文子さんによると、西洋の花ことばが明治初期に伝来したさい、西洋で大胆のイメージと意味をもつナデシコが、日本ではその花の特徴である優雅さゆえに奥ゆかしい女性の代名詞として転用され、周知の大和撫子ということばとして用いられるようになったという[*2]。

第二は絵画・図像・彫像・刺繡・造形物などの有体物として花が描写、表現される場合である。一例をあげよう。インド亜大陸のベンガル地方に伝わるカンタ（刺繡布）には、神の降臨する座を象徴するハスの花を中央部に、生命の樹やコルカ（蕾、葉、曲がった花などの表象）を四隅にそれぞれ配置するのがならわしとなっている。[*4] 花が刺繡の模様として定型化され、それをつくる女性たちの個性や想い、ベンガルをはじめとしたインド世界に広がるヒンドゥー文化の世界観を重層的に表しているのである（図1）。

そして第三は、人間が花を食べ、身体を花で飾り、恋人に花を贈り、死者に花をそなえるように、日常・非日常で花を用いる場合である。桜の花茶を飲むことは、身をもって春を感じ、それを振る舞う主人の粋なはからいを客として満足することにほかならない。ポリネシアの女性にとり、ハイビスカスの赤い大輪を右側の耳に飾りとしてつけることは、みずから独身の女性であることを誇示する行為である。

以上の三つの見方をふまえると、人と花の多様な関係性は、1. 花の象徴化（symbolization）と 2. 花の物質化（materialization）の二つの分野に大別することができる。前者には、花にたいする認知・観念・分類・信仰・象徴にかかわる側面が、後者には衣食住・薬・儀礼・遊び・生活用具・芸術として花を利用する側面がそれぞれ

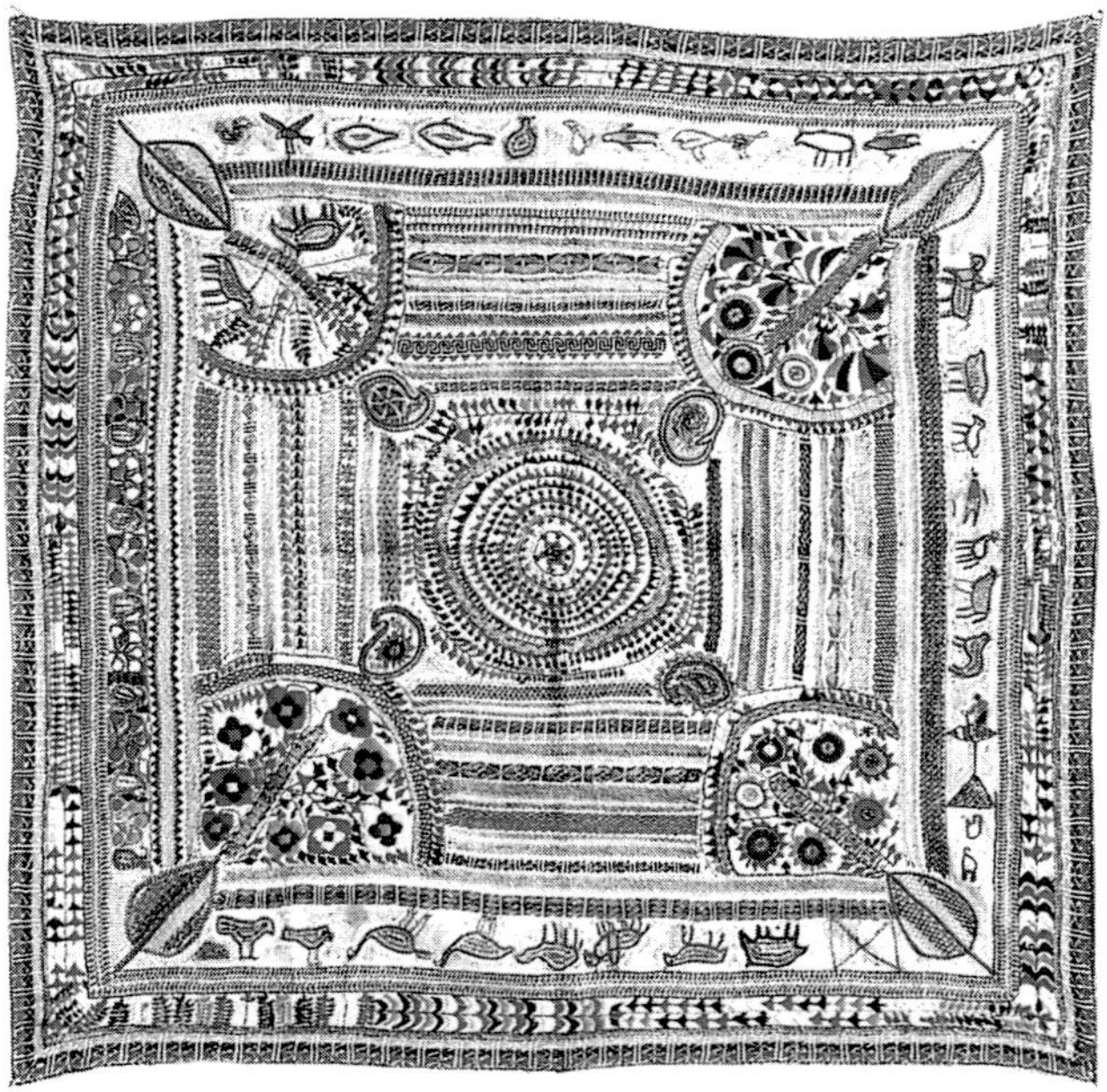

図1　「千花弁の蓮と動植物文様／礼拝用敷物」
1850年頃、バングラデシュ、クシュティア［福岡アジア美術館提供、Jahanara Abedin 所蔵］

含まれる。いずれのかかわり方も人間が花を媒介として観念や想いを具現化し、人と自然、人と人、人と超自然とのコミュニケーションを実現する。

花一般については以上のような整理が可能である。しかし、個別の花をとって考えてみると、はたして「人はなぜ花を愛でるのか?」についていったい何が見えてくるのだろうか。

バラの花を取り上げよう。バラの花を見て美しいと思う人は多いが、なぜなのか。バラの咲きほこる庭園で、夕方いいしれぬ花の香りにさまざまな想いを抱く気になるのはなぜか。バラの花からバラ水を作り出した最初の人はいったい何をどのように考えたのか。ボッティチェッリの描いた《ヴィーナスの誕生》ではバラは豊饒と生殖力の象徴とされているが(図2)、どのような経緯でバラはそのような象徴性をもつものと考えられるようになったのか。『バラが咲いた』(歌・マイク真木)や『百万本のバラ』(歌・加藤登紀子)の詩と曲はどのようにして生まれたのか。「バラ色の人生」とは幸せな暮らしを指すとしても、なぜバラが幸せとつながるのか。空中を浮遊する一輪の大きなバラを描く画家の塩崎敬子にとり、バラとは何なのか?(図3)

こうしてみると、バラという花をめぐって生まれてきたさまざまな利用のしかた、意味と象徴の世界は、どれをとってみてもバラの魅力に惹きつけられたことを示す例

図2　ボッティチェッリ《ヴィーナスの誕生》部分、1485年頃、ウフィッツィ美術館

図3　塩崎敬子《浮遊する青いバラ》油彩画

といえるが、バラが人間を誘引する普遍的な何かをもっているのかどうかについて、決定的なことはわからない。地域ごと、歴史によって、バラ観は異なる。バラでさえそうであるならば、サクラやユリ、スミレでもラベンダーでもよい。ほかの花の例から、古今東西、花と人間とのかかわりを普遍化することなどいったいできるのだろうかと考えてしまう。

「人はなぜ花を愛でるのか?」という命題にたいして、個別の花についての分析や思索から何がでてくるのか、という素朴な疑問が生じるのは以上のような点からである。

花と身体

花と人間とのかかわりを象徴性と物質性に分け、両者を独立したものと最初から決めてかかるのは問題かもしれない。うまく表現できないが、両方の性質が融合してはじめて見えてくるものがあるのではないか。このような視点から本章で取り上げてみたいのは、人間の身体と花との「距離」から問題に迫る試みである。この場合の距離は長さを表すというよりも、人間の感覚器官による認知の距離を表すと考えておくこととする。

第一に、花と人間との距離がもっとも近いのは人間が花を食べる場合である。感覚器官としては味覚が重要な領域となる花は、食べられることによって人間の身体の一部となる。確認しておきたいのは、花食（flower eating）がそれほどまれな食習慣ではないことである。

第二は、人間が花を直接、身体に接触させる場合である。これにはバラ水を身体につけることや、花びらを手でもんで手や腕にこすりつける行為、紅花を唇にさす場合などが含まれるだろう。香水一般もこのなかに含めてよいかもしれない。ただし、花そのものというよりも、花の香り成分が染料や香料として使われるわけである。今はやりのアロマテラピー（芳香療法）は、花、葉、樹皮などから精製される精油の揮発性成分を鼻や皮膚から吸収することで健康、治療、癒しに役立てる行為と療法をさす。浴槽に匂いのよい花弁を浮かべて入浴する芳香浴も第二の部類に属する例であろう。花の成分が皮膚や鼻腔から身体内に吸収されることを考えれば、この領域は第一の領域との境界に位置することになる。

第三は、人間が花を身体に飾りつける場合である。花の頭飾り、首飾り、耳飾りなどはよく目にする例である。パーティーにおけるブーケ、コサージュなどもその典型である。京都の上賀茂神社の大祭である葵祭りには、斎王が双葉葵をかざして行列に参加する。葵は桂とともに神が降臨したとする神話的な世界の架け橋となった植物である。古代日本の官位即位式における頭飾りの例は、武田佐知子さんが第六章で詳しく触れているとおりである。

本書のもととなったシンポジウムでは、ネアンデルタール人が死者を埋葬するさいに花をささげたかどうかが話題になった。現代日本では、葬儀場で最後の別れにと棺に花をたむけるならわしがある。供花の風習の起源がいつなのかの詮議は別として、屍を花でくるむ儀礼的な行為も第三の範疇に入ることはまちがいない。これと関連して、刺身の「つま」に菊花をそえる日本の食の伝統は生魚の殺菌と腐敗を遅らせるためのものであると、三〇年以上も前に作家の小松左京さんから聞いたことがある。儀礼的な行為が実用性をも兼ねたものであるとする点は重要であり、花の成分が身体に影響をあたえる点で、花が多元的な意味をもつことに注目しておきたい。

装飾として花を利用する事例の延長に入るのが、花自体ではなく花柄模様をあしらった刺繍、織物、着物などの装身具を身にまとう習慣である。京都の花笠祭りなどでは、花の造花をつけた花笠をかぶって女性が踊る。第二と第三の例は、人間の触覚が重要な感覚器官といえるが、視覚や嗅覚も関与する。

花が人間の身体を離れて存在する場合が第四の例である。花と人間との関係はここで一転する。「人はなぜ花を愛でるのか?」という問題は、じつはここから出発するともいえる。儀式で飾る花、部屋の装飾としてのデコレーション、生け花などは花自体が信号を発する道具立てとなる例である。

人間と花との距離がもっとも遠い場合の例が花見である。花見といえばサクラ。花見にもいろいろな趣向があるが、花を一輪ごとに観賞するというよりは、サクラの木の下で宴会をする場合や夜桜見物も、はれやかな色の世界を楽しむのが風情というものである。吉野の山桜を眺望する場合、あわいピンク色のかたまりの織りなすコラージュの世界を満喫するのが醍醐味である。花見では、人間の視覚が花と人間を結びつける。

このように人間と花との距離について感覚器官をよりどころにして考えると、手に触れることのできる範囲、匂いが届く範囲、目に見える範囲までさまざまである。つまり、花と人間のかかわりは食用から象徴まで連続的に入り組んだ世界から構成され、さまざまな感覚器官が関与していることは明らかであろう。

以上のなかで人間ともっとも直接的なかかわりがあるのが「花を食べる」ことである。花の観賞や愛好と、花を食べることは議論のうえでは別問題という人がいるかもしれない。食べることは観賞することでも愛でることでもない。花食は花を媒介とした他者とのコミュニケーション論とは無縁であるという意見はもっともなことである。しかし、花を食べることには空腹を満たすためではなく、いろいろな意味が内包されている。しかも、同じものを食べることによる共食は人間相互、ないしカミとの交流をおこなうことにもつながるのではないか。以下では、人間が花を食べることの意味についての事例をひきながら考えてみることにしたい。

花食の文化

むかし読んだ民族誌の本に、太平洋のメラネシアにあるニューヘブリデス諸島（現在のバヌアツ）の人びとは、未知の物体がどのような性質のものであるかを認識するため、まず匂いを嗅ぐ習慣があるということが書いてあった。見るだけでは分からないものを、いきなり食べるのは危険である。だから、匂いを知ることでおよその見当を得るのであろう。動物が匂いだけでなく、色や模様、音声などがシグナルとなってその物質に誘引されることはさまざまな事例で知られている。

私事で恐縮だが、花食について忘れられない思い出がある。長女が一歳前頃の冬と記憶する。彼女が居間に置いてある鉢植えのシクラメンの花をちぎっては口に入れはじめた。大ぶりのピンクの花びらが、あれよあれよというまもなく食べられてしまった。花弁に毒となる成分があるわけではないし、お菓子のように甘い味がするわけでもないだろう。なぜ娘は花を食べたのだろうか。幼児が周囲にあるものを手当たりしだいに口に入れることはよく知られており、親をヒヤヒヤさせることがある。だから、花を食べたからといってことさら異常な行為とも思えない。子どもが花を食べたことを怒るわけにもいかない。きっと花に興味をもったから手を出したのだとしても、口にしたのはなぜなのか。「人はなぜ花を愛でるのか?」についての議論も、子どもを入れて考える必要があるのかもしれない。

人間以前の話からはじめよう。サルは花を食べる。ゴリラの研究者である京都大学の山極寿一さんによると、ゴリラやチンパンジーは花を食べる。ただしその頻度はけっして高くない。類人猿以外のサルも花を食べるが、花といっても花弁ではなく花の蜜を食べているということのようだ。ニホンザルはツバキの花が大好きであるという。ツバキの雄しべの基部には大量の蜜がある。ニホンザルも甘い蜜が好きであるにちがいない。そういえば、ツバキの花にメジロがたわむれている光景に接したことがこれまでに何度かあった。ツバキはサルや鳥にとって甘くておいしい花なのだ。

つぎは人間の場合である。花のシンポジウムのなかで佐藤洋一郎さんは、農耕開始以前、森の住民であった採集狩猟民が花に関心をもつことはなかったという。農耕以前の採集社会では周囲の環境にオープンランドもなく、陽樹や花の咲く草本があまりなかったからではないかという。日本のような温帯では落葉広葉樹や照葉樹林が卓越し、たしかに花木や花の咲く草本はあまり見られない。

では、熱帯・亜熱帯ではどうであったか。京都大学で熱帯アフリカの採集狩猟民研究をおこなってきた市川光雄さんによれば、採集狩猟民にとり樹高が数十メートル以上の樹冠に咲く花は興味の対象外ではなかったかという。彼らが花を食べることもあまり聞いたことがないという。ただし、西アフリカに行くと、煮るとぬめりが出る萼《がく》(アオイ科などの植物)をシチューに入れることがあり、それらの植物はローゼル(rosseille)と呼ばれている。また乾燥したハイビスカスの花は、北アフリカ、西アフリカで、よく飲料にされ、ビサップ(bissap)として親しまれているという。

花が古代の農耕文明社会において何らかの象徴として用いられていたことは、本書でも渡辺千香子さんが指摘しているとおりである。それでも、古代の人びとが花を愛でるだけでなく、それを胃のなかに収めたかどうかはいまだ推測の域を出ない。すくなくとも現世《げんせい》の農耕民社会では、花を食べる習慣は意外と多く知られている。

花食文化の地平

花を食べることについて人類学の観点から位置づけておくこととしよう。花食文化ということばは、静岡大学の近田文弘さんと雲南民族植物研究所の裴 盛基さんにより一九八八年に新しく提起された用語である。人間の文化のなかで花を食べることのもつ意味をトータルに探ることが花食文化の研究である。食文化の研究にはさまざまな分野が含まれるが、花に特定して、食用とされる花の種類や栽培方法、流通、料理方法、暮らしのなかの意味などを総体として考えるのが、花食文化の研究とされているのである。

花食文化を取り上げることにはまったく異論がない。花は食べるものではないという常識をくつがえし、花食文化に正当な位置を与えることに研究上の大きな意味があると思われるからである。ただし花を食べることを、植物の葉や茎、根を食べることと峻別し、格段の積極的な意味づけを与えることにどのような論理的な背景があるのだろうか。花だけでなく葉や根、茎、果実を主食のつけあわせ（＝菜）として食べる食文化は世界に広く分布する。葉菜、茎菜、根菜、果菜などの用語が示すとおりである。花を「菜」として食する場合は、花菜を「はなさい」と呼ぶようだ。

東南アジアの市場の広範な調査をおこなった吉田よし子さんによると、東南アジアでは「植物は徹底的に利用する」ことが特徴という。[*11] 吉田さんは、花菜として五科で一五種類の植物を挙げておられるが、それら以外にも葉や茎とともに花を食べる種類の植物がたくさんある。数え上げると二四科に属する五〇種ほどの植物の花が食用とされていることになる。全体として、マメ科（一四種）、ユリ科（九種）、ウリ科（七種）、ショウガ科（六種）などが多い。そして、花だけを食べるというより、花も茎も葉も一緒に食べる傾向は明らかである。

そこで私は花食をもっとも広義に捉え、花弁や蕾を食べることだけでなく、花の蜜から採れる蜂蜜や、花を用いた酒、茶、薬、花から抽出した精油までをも含んでみてはどうかと考えた。つまり、人間と花とのかかわりのなかで「消費」の側面を広く包括して考えるのである。この線上から、図aのような類別が可能である。

図a 花の消費の多様なありかた

つまり、花食を、（1）花菜、（2）酒・茶・薬・蜜、（3）精油、（4）精油以外の香味料・着色料を含めて考えるのである。以下、この考えにしたがって事例を取り上げて見よう。

（1）花菜

身近な例でいえば、洋食のつけあわせやシチューの具として使うブロッコリーやカリフラワーはれっきとしたアブラナ科の花菜である（図4）。ヨーロッパで広く食用とされるアーティチョーク（朝鮮薊）もキク科の花である。アーティチョークは生のまま食されるほか、油づけやかん詰め、びん詰めにもされる。

日本でも古くから花食はよく知られている。春になると菜の花（セイヨウアブラナ）をお惣菜にするし、うす塩をした漬物も人気がある。私の住む京都では菜の花漬のほかにも、サンショウの花が「花山椒」として売られており、いずれも名産品となっている。

京都府が推奨する「お番菜」の名で売られる駅弁には菊花のおひたし（菊びたし）がきちんと入っている。もっとも関西では菊

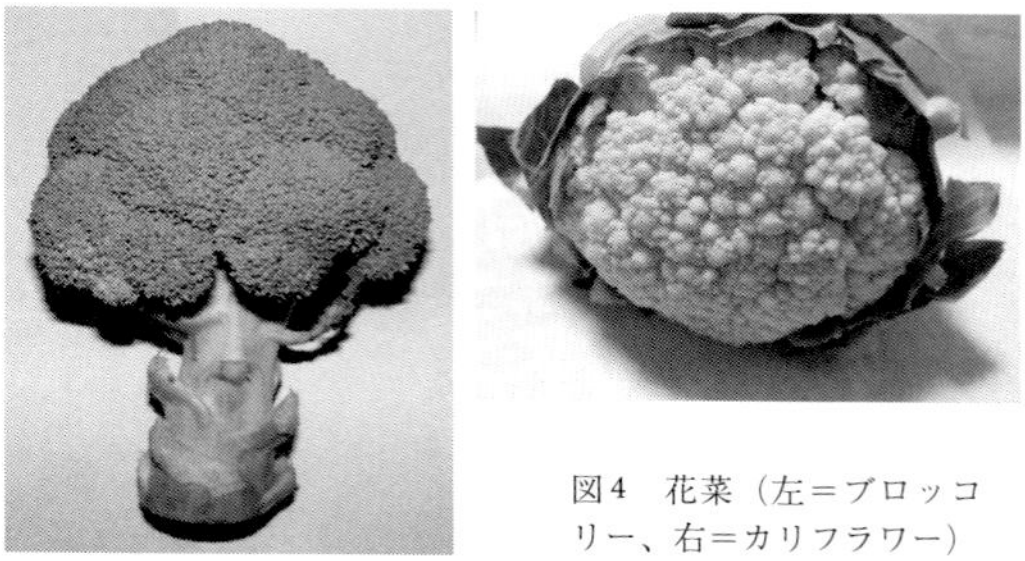

図4　花菜（左＝ブロッコリー、右＝カリフラワー）

の花はあまり食べられることがなく、刺身の「つま」とされるにすぎない。これにたいして、東北地方は食用菊の栽培と消費がたいへん盛んな地域である。先だっての一一月中旬、山形県の酒田に近い遊佐《ゆざ》町を訪れる機会があった。山形は食用菊の王国であるという。[*6] 小さな川沿いに歩いていると、川の横にある野菜畑や家庭菜園にきちんと菊が植えられている。黄色やピンク色のものが食用ですと、地元の方から教わった。菊は酢の物（菊びたし）、乾燥したほし菊、板状に乾燥した菊のり（菊の花弁を蒸して板状にして乾燥したもの）、漬物（菊の花漬け）、てんぷらなどとして食される。

このほか、桜の花漬け（桜の花びらを水洗後、塩漬けにしたものに白梅酢で色と香りづけしたもの）があるし、雪国では春先にフキノトウ（フキの花序）を焼いて食べる。花穂ジソの小さな花も刺身の「つま」であり、薬味としても利用される。花ワサビは葉や茎とともに利用される。春先、伊豆の修善寺でよく見かける。ミョウガの花は刺身や酢の物の薬味として利用される。花丸キュウリやシュンランは刺身に彩りをそえる季節の食材である。春先に白い花をつけるニセアカシアの花も酢漬けによい。

こうしてみると、花を食べる習慣は季節的とはいえ広くゆきわたっている。日本における花食の分野では橋本郁三さんによる包括的な研究がある。[*8] それによると、時代を近代・近世以前にさかのぼって実証することは難しいとしても、多様な種類の花が食されてきたことが明らかとなる。さらに世界中となると、堀田満さんら編の『世界有用植物事典』[*3]に頼らざるをえない。堀田さんによると、前記の書の数倍のデータがあるというから潜在的な数字はさらに数百種以上は増えるだろう。

アジア地域についてみると、花を食べる食文化が非常に発達している。これについても、すでにまとまった成果がある。[*5]かつて中国雲南省の昆明にある研究所で先述の裴 盛基さんと、アジアでは花を食べる文化は共通の現象であるというお話をしたことがある。とくに中国では古代から医食同源の思想があり、後漢から晋の時代に三〇〇種類もの本草植物が記載され、そのうちの三分の二にあたる二〇〇種類が花であることが明らかにされている。中国では漢民族だけでなく、少数民族のあいだでも花食がよく知られている。近田さんと裴さんは前述の著書の冒頭で、観賞用の植物として知られるシャクナゲが中国雲南省の少数民族のあいだで食用とされていることを明らかにしている。日本でも伊豆半島湯ケ島町に自生するアマギシャクナゲを、町が観賞用だけでなく食用として活用したい意向をもつことを述べ、花食が新しい文化の創造につながることを提案している。

雲南省南部は亜熱帯気候下にあり、地方市場でも、マメ科の仲間の食用花をよく見かける。その一つがセスバニア（シロゴチョウ：白胡蝶）であり（図5）、ラオス、タイ、フィリピン、インドネシアなどでも利用される。カンボジアでは、小川のなかに生えていたマメ科の木の黄色い花が食用とされていたし、果実を酸味料として使うタマリンドの花も一時期だけスープやカレー用に使われる。おなじくマメ科のデイゴ属の仲間もタイで花の蕾がカレーに使われる。花を摘むと実がならないので、花と実をともに利用する植物の場合、花はあくまで脇役ということになろう。[*10]

中国では、花と葉、茎を一緒に料理したものをレストランでふつうに食べることができる。たとえば、アブラナ科のサイシン（菜心）、カイラン（芥藍）、コウサイタイ（紅菜苔）、ブロッコリーとカイランを交配させたスティック・セニョールなどのほか、オータムポエムやニラの花蕾（韮花：チウホワ）などがある。ユリの仲間の花を蒸して乾燥した甘草、つまり金針菜（チンチェンツァイ）も市場でよく見かける。

図5　セスバニア（シロゴチョウ）
［撮影：斎藤暖生］

雲南省の南に位置する東南アジアやその西部の南アジアでも花食の報告がある。

タイ、カンボジアでは、スイレンの花と茎の部分が食用とされる。とくに、スープとして、あるいは湯がいたものを炒め物にする。ラオスの低地では、水生植物であるホテイアオイの花は蒸して食されるが、カンボジアでは生のまま、プラホックと呼ばれる魚醤（日本の秋田にあるショッツルのようなもの）に浸してご飯と一緒に食される。あるいは、蒸して骨をはずした魚肉と南京豆にレモン汁をかけたパクルンと呼ばれる食品に、ホテイアオイの花をつけて食べるとおいしいという（図6）。ただしベトナムなどでは、ホテイアオイは刻んでブタの餌にするし、マレーシアでもホテイアオイが大量に繁茂するので水上航行にとって邪魔もの扱いされていた。乾季のメコン川で面白い例に出会った。川の浅瀬には中洲

図6　ホテイアオイの花は生食される。カンボジアのシェム・レアップ市内の市場にて。

図7　メコン川の花と料理。魚も人間も花食を楽しむ。

があり、そこでさまざまな植物が花を咲かせる。花が水中に落下すると、メコン川の魚がそれを食べる。ところが人間もこの花を摘み取って野菜として食用とする。魚も人間もメコン川の乾季に咲く花の恵みを享受するのである（図7）。

ラオスの市場では、ノウゼンカズラの赤くて大きな花弁（ケーカオ）が売られている（図8）。ビエンチャン周辺の市場でも数種類の花が売られていたことを斎藤暖生さん（総合地球環境学研究所）から教えてもらった。野菜類の花としては、ウリ科のカボチャ、キュウリ、ウリ、ヘチマ（カンボジア）が食べられている。

その他の花食

東南アジアから太平洋地域の広い範囲で利用されるのがバナナの雄花である。花序の表皮をむいて細かく

図8　ノウゼンカズラの花。ラオス南部のパクセの市場にて。

切り、水でもんでサラダとして食される。問題はバナナの花を切ってしまうと実ができないことだ。

アカテツ科の高木である *Madhuca longifolia* の花はインド東南部やスリランカに自生し、甘味調味料として、あるいは酒作りに利用された。

フィリピンでは、クワ科のカジノキに近縁のヒンババオの花序がスープや炒めて食される。花序の形が松明《たいまつ》に似ていることからトーチ・ジンジャーと呼ばれる *Nicolaia elatior* の大形の花は芳香があり、インドネシア、マレーシアでは生のまま塩辛や麺に付け合わせて食される。

もともとアジア起源ではないが、日本でも最近、流行しているのが食用花である。このなかには、色、香り、形のすぐれた種類がある。プリムラ、ビオラ、スナップドラゴン（金魚草）、ナスタチウム（キンレンカ）、トレニア、ベルローズ（ミニバラ）、サイネリア、センニチコウ、ベチュニアなどである。食用花の栽培は、南房総において盛んである。

（2）酒・茶・蜜

花を酒や茶の原料とする場合がある。たとえば、カモミールはキク科の草本であり、ジャーマン種とローマン種がある。前者は花が、後者は花以外の部分も芳香をもつ多年草なので、精製され、ハーブティーとして飲用される。

ニオイスミレ（スイートバイオレット）、ウスベニアオイやコモンマロウも茶とされる。サフランの一つの花から三本しかとれない雌しべを乾燥したものは高級な食材であり、茶としても利用される。ボリジ（ムラサキ科）も茶とされる。これらはいずれも、芳香を持つ花であるため茶とされるのである。

変わった例では、ココヤシの花序から出る樹液を自然発酵してできるヤシ酒がインドネシアからミクロネシア、メラネシア地域に広まっている。ニッパヤシの場合も、花軸から浸出する樹液をアルコール発酵させて酒や砂糖をつくる。

蜂がつくる蜂蜜の蜜源となる植物の種類は非常に多い。花に含まれるネクター（蜜腺から分泌される糖を含む溶液）が鳥や虫により運ばれ、受粉が達成されることは周知のことである。ミツバチがつくる蜜源の植物としては、レンゲ、ミカン、クローバー、アカシアなどのほか、さまざまな種類が知られている。

（3）精油

昨今流行のアロマテラピーでは二〇〇種以上の植物が利用される。いわゆるエッセンシャルオイルとして、植物の根、葉、花、種子、樹皮、樹脂、果皮などが用いられる。植物の部位別にみると、花を用いたものがもっとも多い点は注目してよい。このなかには、イランイラン、オレガノ、カモミール、クローブ、ジャスミン、ラベンダー、チャンパカ、ネロリ、ローズをはじめ、よく名前の知られた花が含まれる。アロマテラピーは現代人の身体と心を癒すものとして脚光を浴びているが、現代人だけが利用しているのではない。古代から調味料、芳香剤、医薬、あるいは宗教的な儀礼のなかで用いられてきた花が少なくない。

（4）香味料・着色料

ここでの利用法は、（1）の食用となる花菜とかならずしも厳密に区別することができない。日本のベニバナは着色料であるとともに、独特の香りをもつことからソバ、菓子類、モチの色づけに利用される。クローブ（丁子）はインドネシア原産のフトモモ科の高木であり、蕾が開花する前に収穫する。ナツメグとともに香料貿易で著名な植物である。独特の甘い香りをもち、お菓子や焼き肉料理の香味付け、タバコにまぜて利用される。バングラデッシュでは、カレーにかならずといってよいほど、バラ水を香料として入れる。フウチョウボクの蕾は魚料理の香味料となり、とくにスモーク・サーモンにはかならず付け合わせとされる。タンポポの花蕾はマリネに風味をそえ、ワインの香りづけとしても利用される。

花を喰らう人びと――食と象徴のはざま

以上見てきたように、花を食する文化を、花弁や蕾を食べることだけに限定するよりも酒や茶、薬、蜜として消費する場合や、精油として皮膚や鼻から身体に吸収する場合まで含めて考えた方が、問題のひろがりを捕捉するうえで大切ではないかと思えてくる。

いうまでもなく、花を食する行為は人間の生理・栄養面だけでなく、病気の回復や疾病の治癒、さらには不安の解消、精神の安定や癒しなどの効果と深く結びついている。それだけでなく、ある種の花に与えられた神聖性や豊饒性などの観念は、花の色や形、芳香、利用方法の多様性などに由来する可能性がきわめて大きい。

たとえば、オガタマノキ属のキンコウボク（金香木：*Michelia champaca*）の場合、花から精油を抽出して香水として用いられる。マレー世界では、堅牢な材は家屋、カヌー、家具、室内装飾など広範に利用される。樹皮を煎じた液は産後の肥立ちをよくし、マラリア以外の病気における解熱効果があるとされている。種子は削ってリューマチ薬とされた。花を油に浸して鼻につけると気分が爽快になるし、固い蕾は梅毒治療にも使われた。[*2]そして何よりも、この植物はインドのヒンドゥー世界では神聖な木として尊敬される。つまり、キンコウボクの花の芳香や広範囲に及ぶ利用価値の高さがこの木を聖なる地位へと高めたと考えたいわけである。

しかし、世界中の神聖なる木がすべて同じような考えに基づいてあがめられるようになったとは思えない。たとえば、ブラジル原産のトケイソウ（passion flower：*Passiflora caerulea*）は新大陸に渡ったイエズス会の修道士が発見し、その植物の形態があまりにもキリストの受難を指し示すことから神聖性を見出した。同じく南米原産のホウガンボク（cannonball tree：*Couroupita gianensis*）は、その後タイ、カンボジアの寺院で聖なる木としてあ

図9　ホウガンボク

図10　ムユウジュ

図11　インドソケイ（プルメリア）

がめられている（図9）。

東南アジア原産のムユウジュ（sorrowless tree：*Saraca indica*）はマメ科の高木であり、釈迦がこの木の下で出生したとする伝説がある。仏教とともにヒンドゥー教においても聖なる木とされている。しかし、両方の花が食用とされる話は聞かない（図10）。

中南米原産のインドソケイ（プルメリア、*Plumeria spp.*）はおそらくスペイン人によりメキシコからガレオン航路を通じてフィリピンにもたらされ、さらに東南アジアに拡散した。東南アジアでは墓地や寺院に植栽されている。マレーシアでは、先述のキンコウボクと同じ名称であるチャンパカとかチャンパ、ブンガ・クブル（墓の花）と呼ばれる。そして、インドソケイはラオスの国花となっている（図11）。かつてポリネシアのマルケサス諸島をおとずれ、島にあるゴーギャンの墓に行った。墓の横にはインドソケイの木が植えられていたが、この木を墓地に植える習慣は過去あるいは現在もメキシコにあるのだろうか。

一方、インドソケイはジャワ島ではブンガ・カンボジャ、バリ島ではブンガ・ジャプンと呼ばれる。タイでもカモジャ、サモジャと呼ばれ、中南米から異なったルートでアジアに伝播したことが示唆される。そして伝播した先で、さまざまな種類の薬として、あるいは花が食用にされることが報告されている。このことは、花をめぐる文化が固有性をもちつつ、変化自在に展開した歴史を物語っている。

以上のように、花をめぐる利用と象徴の体系は、時代とともに地域間の交流を通じて広く伝播したが、それと同時にその体系の内容も大きく変化した。花を食べることも歴史を貫いて維持されてきた面と、大きく変化してきた面とがある。花だけを食べる文化と、花を葉や茎とともに食べる文化は明確に区別ができない。食料として花を食べるのか、薬として食べるのか、香りのために食べるのか。そこには判然としない曖昧な領域が横たわっている。花を食べることを一つや二つの理由だけから普遍化することはできない。少なくとも、人間は花を眺めるだけでなく、食物、薬、精油、香辛料として不断に工夫しながら利用してきたことを認めてよい。花を喰らう人びとの心は奥深く、未知の部分も多い。人間にとり、たかが花。されど花なのだ。

参考文献

*1　秋道智彌「自然の文化表象」伊藤幹治・米山俊直編『文化人類学へのアプローチ』ミネルヴァ書房、一九八八年、二〇五〜二三〇頁

＊2　Burkill, I.H. **PLUMERIA.** *A Dictionary of the Economic Products of the Malay Peninsula.* Kuala Lumpur: The Ministry of Agriculture and Co-Operatives, Kuala Lumpur, Malaysia, 1993, pp.1489-91

＊3　堀田満ほか編『世界有用植物事典』平凡社、一九九三年

＊4　五十嵐理奈「芸術に縫い込まれた生き物たち－ベンガルの刺繍布カンタと女性」『生き物文化誌ビオストーリー』六号、二〇〇六年、九四～一〇五頁

＊5　近田文弘・裴盛基共編『アジアの花食文化』誠文堂新光社、一九九〇年

＊6　近田文弘「日本における食用菊の花食文化」近田文弘・裴盛基共編『アジアの花食文化』誠文堂新光社、一九九〇年、八一～九三頁

＊7　『新版　食材図典　生鮮食材篇』小学館、二〇〇三年

＊8　橋本郁三『食べられる野生植物大事典－草本・木本・シダ』柏書房、二〇〇三年

＊9　森山倭文子「はなことば　花言葉」堀田満ほか編『世界有用植物事典』平凡社、一九九三年、一三八九～一三九一頁

＊10　吉田よし子「東南アジアの食用花卉」近田文弘・裴盛基共編『アジアの花食文化』誠文堂新光社、一九九〇年、六三～七一頁

＊11　吉田よし子『東南アジア市場図鑑　植物篇』弘文堂、二〇〇一年

第9章

花を観賞する、花を育てる
——花を愛でる美意識

白幡洋三郎

1. イギリス人は本当に花好きか？

イギリス人は本当に花が好きなのか？　この疑念が強く頭をもたげたのは、イギリスのケンブリッジに滞在していた一九九七年春のことである。大の花好きで園芸愛好家だといわれるイギリス人が、「花見」をしないことがわかったからだ。花のもとで飲み物・食べ物を広げ、仲間と共に過ごす、日本人がやるようなそんな習慣を彼らはもっていない。

よく通ったケンブリッジ大学図書館の周囲には、見事な八重桜がたくさん植わっていた。朝、入館する前に立ち止まって見とれてしまう私の横を、先を急ぐ教師らしき年配の人、友だちとしゃべりながら行く若い学生たちがつぎつぎ通り過ぎてゆく。彼らのうち誰一人として満開のサクラに目もくれないし、サクラの枝を見上げもしないのだ。入館後も私はサクラのことが気になって館内から窓ガラス越しに時折目をやるのだが、立ち止まって眺めている人物を目撃したことはただの一度もなかった。

昼食のためいったん下宿に戻るときは、町の各所に咲いているサクラを求めて回り道もした。公園のサクラの下、輪になってサンドウィッチをほおばる若者がいるので

ケンブリッジ大学図書館の桜並木。誰に目をとめられることもなく咲いていた。

パリ植物園で見かけた満開のモクレン（コブシ）に西洋の人びとが群がる珍しい光景。

はないか、芝生に座り込んで観賞しているグループがいるのではないか、と期待しながら自転車をこぐのだが、サクラにちらりと目を向ける者すら見かけなかった。四月半ばから二〜三週間続いた花盛りの間、午後はケンブリッジの町を自転車で走り回り、土曜、日曜にはレンタカーを借りて近郊の町にも観察に行った。夜桜も見に行った。しかし「花見」をしている人はまったくいなかった。イギリス人は本当に花好きなのか？　と疑う気持ちがわいてきた。

その時期、もっとも盛大に花を咲かせていたのは、間違いなくサクラである。ケンブリッジ市内、公園のそこかしこにサクラはよく咲いていた。しかも、特に大学図書館前は並木になっていて見事なサクラを観賞できる。それなのに、私が観察した範囲ではちらりと目を向ける者すらいなかった。これが花好きといわれる国民の振る舞いであろうか。少なくとも花に向けられる彼らの心情はわれわれとどこか違うようだ。

ほとんど四半世紀前からドイツやオランダなどヨーロッパ各国のサクラを機会あるごとに観察し、アメリカやアジア諸国なども見て、どうも海外には花見はないなと私は見当をつけていた。ケンブリッジの滞在はその予想を確認するものとなった。花見は、日本にしかない。

ところが、サクラはいま世界中で好まれる花になっている。かつてはほとんどサクラが見られなかったヨーロッパでも、ここ一〇～二〇年の間に、都市内での植樹がずいぶん進んだ。

パリでもロンドンでも公園にサクラが増えた。オランダ・ワーヘニンヘンの町では、公園だけでなく商店が軒を並べる目抜き通りが桜並木になっている。隣国ベルギーでは、サクラの苗木を育てて他のヨーロッパ諸国にも輸出する種苗・植木業者が存在するほどだ。日本から導入されたサクラの園芸種がさらに改良され、ヨーロッパ中に広められているのである。

ヨーロッパの都市で見られるサクラは八重桜である。オランダではヤーパンセ・ケルセン、ドイツではヤパーニッシャー・キルシュ、イギリスではジャパニーズ・チェリー、つまりどこでも「日本桜」と呼ぶ。西洋諸国でいう「チェリー」は、もともとサクラの実、すなわちサクランボを意味している。だから花を指すときは「チェリー・ブロッサム」(サクランボの花)といわなければならない。各国がそろって「日本桜」と呼ぶのは、実はならないが花の美しい八重桜を意味しているのである。ということは、西洋の人びとは日本のサクラの「花」に関心を持っている、その花は好まれ、街路樹にまで採用されている、観賞用に愛されていると思うのがふつうであろう。ところが花見はないのである。

日本のサクラは広まったが、ヨーロッパのサクラの楽しみ方は日本とまったく違う。咲いてもせいぜいただ眺めるだけで（その眺める行為もふだんは見かけない）、サクラの下で飲み物・食べ物を広げ、大勢でにぎやかに楽しむことはまったくない。日本ではちらほら咲きや、二分咲き・三分咲きまでも話題になり、花見弁当や桜餅が登場する。新聞やテレビはサクラの開花情報、桜前線の進行を全国版でも地域版でも報道し、人びとは家族・友人を誘って花見を楽しむ。サクラを味わい尽くすこんな習慣は、世界には見られない。

思うにヨーロッパでは、チューリップやパンジーなどを花壇一杯に植え込んだ「草花」の集団美は愛でるが、サクラが群れ咲くような「花木《かぼく》」の集団美を生かす手法はまだ見られない。ワーヘニンヘンの中心街に咲くサクラは、街路の美観のために列植され、町の景観づくりに役立てられているといった段階であると私は考える。

2．花の観賞と栽培への関心

a．キクを手がかりに

日本の花を代表する一つであり、またその観賞と栽培の歴史記録が比較的よく残されているキクをもとに、花を愛でる行為について考えてみたい。

享保二（一七一七）年正月、養寿軒雲峰《ようじゅけんうんぽう》なる人物が出した『花壇菊花大全』によれば、キクを持ち寄って一種の品評会のような「菊会」を催すことが始まったのは、元禄時代のことだという。そして雲峰は京都の寺町四条にある元湘院という寺に七〜八人が初めて集まった記録を挙げている。

けれども、この時は見物人などなく、集まった同好の士だけの内輪の会合だった。この会合から花を愛でる熱気を読み取るのは無理である。参加者の一人の尺八に合わせて、もう一人が何かの一節を唸るのを肴に、酒を酌み交わして一日を過ごした。[*1] 趣味を同じくする仲間が、少数の身を慰めあって、いささかわびしい一日を過ごしたかのような雰囲気も感じられる。

その後もしばらくこのような菊会は、流行というほどのことはなく、いわば好事家たちの間で細々と続けられていたにすぎなかったようだ。もっとも初期の頃よりは少しずつ愛好者が増えていったのか、いくつかの菊会の場所が記されている。「双林寺の閑阿弥」「也阿弥」「連阿弥」「丸山正阿弥亭」などの名があるから、集まりの多くは、当時「丸山」と記した現在の円山公園、東山山麓の諸寺の堂内で行われたらしい。寺院の塔頭、それも境内の露天ではなく、建物の中で行われる上、先に挙げた例のように酒を交えたものであったことは、菊会が宴会であり社交の場になっていたことを示す。花はただ観賞される受け身の存在ではなく、人と人を結び付け、しかもその人たちに心地よい時間を与えてくれるものだったといえよう。こうしたキクの愛好はしばらく後に大きな広がりをみせる。

『花壇菊花大全』が記すところによれば、「それより、だんだん此道さかへて年々歳々に珍花数をしらず出て、すでに去ル申《さる》の秋九月七日より会初り、一二日、一三日、一六日、一七日、一八日、一九日、二〇日、二三日、会までに以上一四会とぞきこへける」[*2]。つまり「去ル申の秋」すなわち享保元（一七一六）年の秋には多数の会が開かれたという。ただし、これらの会の中心メンバーはほとんどが裕福な商人たちであったらしい。それに若干の有力な植木屋が出品参加していたようである。

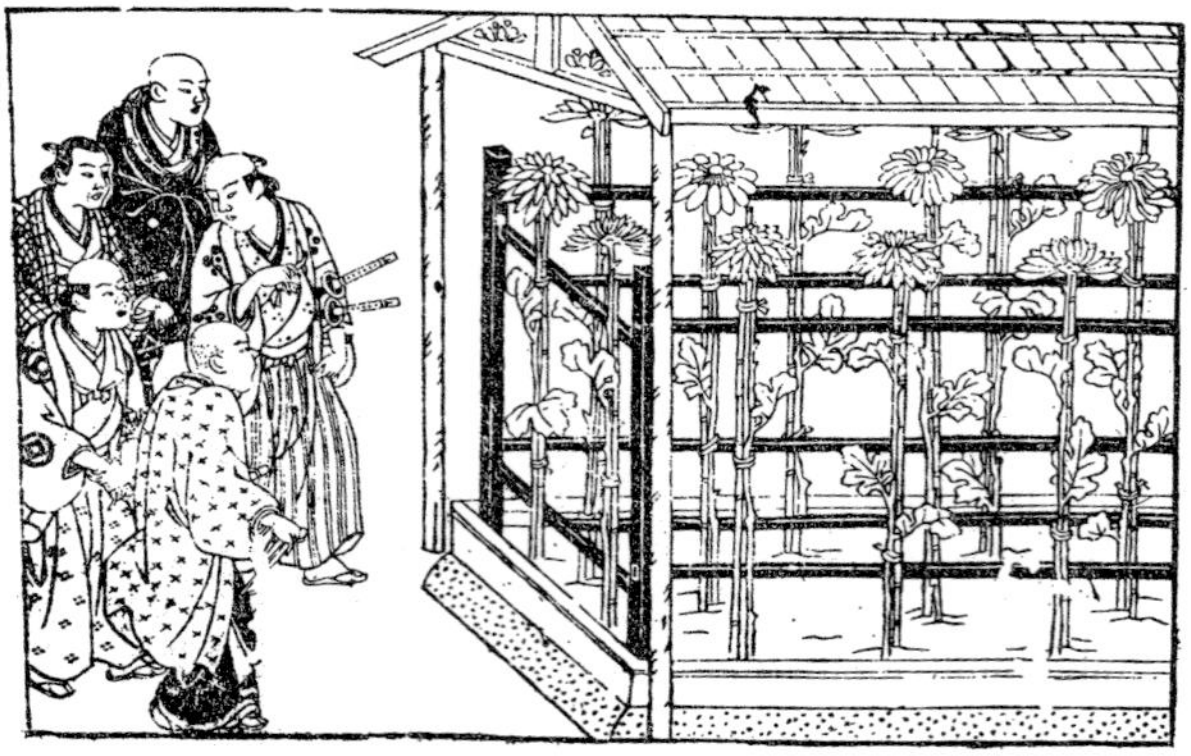

菊会の様子（『花壇菊花大全』より）

翌享保二年九月の刊記がある『丸山菊大会』には、一四三名の出品者があり、総数三八〇ものキクの展示が行われたことが記されている。[*3] たとえ裕福な商人が中心であったとしても、これだけの数のキクと出品者があらわれるということは、キク栽培が広まり始めたことを十分にうかがわせる。しかも植木屋が参加しているのは、彼らが商売をはなれて自らの趣味としてもキク栽培を受け入れていたことを示す。

京都における花栽培（キク栽培）の流行、これにともなう愛好家団体の結成と品評会の定期的開催は、キクに関していえば一七世紀末の元禄期に始まり、一八世紀初頭の享保期に大きな広がりと活況を呈するとみてよいだろう。イギリス最初の園芸愛好家の団体「ロンドン園芸協会」（後の王立園芸協会）が発足したのが一八〇四年である（しかもこれが世界最初の園芸愛好家団体といわれることがある）のを考えると、日本は当時ヨーロッパの最先進国であったイギリスの一世紀以上も先をゆく花の愛好・趣味生活を楽しんでいたということになる。

こうして京都にキクの大ブームが起きている頃、江戸では吉宗による花見の名所づくり、サクラの植栽が進んでいた。このとき吉宗が行なったサクラの植栽は、群れるサクラ、群桜である。一本や二本ではなくサクラを群植して一面の桜花を作り出そうとする植栽である。

花・植物をマッス（大量の群植）で観賞する手法は享保の頃、江戸で、それもサクラを素材として開発されたものと思われる。文化年間に始まったキクの花壇による見せ物も、やはりサクラによって実験された花のマッスを群衆に観賞させる手法だったとみることができる。

江戸のキクに群がる庶民の姿があらわれるのは、『藤岡屋日記』など文化年間の頃の記録からである。しかも江戸の植木屋の数が京・大坂を凌ぐといった程度を越えて、段違いに増えたのがこの頃である。多数の植木屋が軒を連ねる巣鴨、染井、団子坂のあたり一帯で盛んになったのが菊人形であった。

菊人形はやはり、巨大都市江戸でなければ生まれなかった植物観賞の文化かもしれない。多数の小菊を、人形の骨格に一つ一つ丁寧に結び付けてゆく菊人形。使われる小菊の数は本当に無数といってよい。これこそ花壇以上に花を密集させ、マッスとして観賞させる手法の極致だろう。

元禄・享保の頃の京都では、キクはまだ一部の人間による限られた広がりしか持たない栽培・観賞文化の範囲にとどまっていた。一本一本の姿・形をためつすがめつ観賞する、個人の内に閉ざされた趣味といった性格だった。ところが、江戸において初めて群衆に対応できる広がりと庶民性とを与えられることになったのである。キクという花の愛で方に、狭く閉ざされた個人の内からの観賞に加えて、群衆の中で「群」として愛でる仕方があらわれてきたのである。

もともと、近寄り難い貴族的な性格を漂わせていたキクの栽培が、心を開いて庶民の中に飛び込んできたといえようか。それでもキクは、平安貴族の和歌の世界に詠まれているように不老不死の霊力をもつ花として珍重されたり[*4]、近代になって皇室とつながる性格をもったり、貴族性が消えない。多くの人びとにとって「花を愛でるとは何か」を考える題材として、サクラに加えてキクを取り上げてみたが、これだけでは物足りない。

キクがどこか高貴で近寄りにくい性格を帯びているのに対し、そのような雰囲気がみられず、庶民生活の中で育てられ賞翫され続けてきたのがアサガオであった。「人はなぜ花を愛でるのか?」という問いに答える様々なヒントをアサガオはその庶民性から与えてくれるのではないかと思う。次にアサガオについて考えてみたい。

b. アサガオを手がかりに

朝顔老人との出会い　アサガオというと、私の脳裏にまず浮かんでくるのは、故小川信太郎氏のことである。地元、三重県の伊賀上野では、変わったアサガオを育てている風変りな老人としかみられていなかった小川さんに初めて会ったのは一九八二年のことだ。アサガオをテーマにした本を見つけ、その中で小川さんの存在を知り、ぜひ会いたいと思ったのである。

一九八二年七月二三日、小川さんの自宅を訪れ案内されて、彼が育てているアサガオを初めて見たとき、ありきたりの表現だが、本当に震えるような興奮を覚えたのを、今でもはっきり思い出すことができる。

ちょうどその数年前から私は、プラント・ハンターの活動の歴史を綴った本（ホイットル著『プラント・ハンター物語』八坂書房、一九八三年）の翻訳に取り組んでいた。プラント・ハンターとは、直訳すれば「植物の狩人」、植物採集の専門家のことである。ヨーロッパ諸国、とくにイギリスは一八世紀、世界各地に植物採集家を送り出し、未知の植物の採集にあたらせた。プラント・ハンターたちの探検旅行によってもたらされた植物が、イギリスを園芸の王国に作り上げる力となったのである。

この翻訳が縁で、私は植物文化史に関心を持つようになった。植物がどれほど人間と深い関わりを持っているか、植物文化史はときに、ほとんど人間の歴史であるとさえ思うようになった。

やがて、日本の園芸文化に目を向けるようになり、花菖蒲園や菊人形の名所によく足を運ぶようになった。多種多様な園芸品種の作出もさることながら、花を契機にして人と人が結び付き、花によって人びとの集まる空間が作り出されることに興味がわいてきたからである。とりわけ日本の園芸植物の代表選手であるハナショウブ、キクの季節には、こまめに名所訪問をしていた。

私が小川さんの名前を知ると同時に、心底から驚かされたのは、こんな園芸文化、花栽培の文化があったのかということ。花を愛でることの中に、こんな姿勢もあるのだという驚きである。そしてそれがすでに江戸時代後期には生まれていたものであること、しかもそれが一人の人物の手で守られ今日まで生き続けていること、つまり江戸時代の文化がシーラカンスのように生き続けて、奇跡のように目の前にあることへの驚きだった。これは確かに「花を愛でる」文化なのか、小川さんのような行為が「花を愛でる」ことに含まれるのか、私のみならず誰もが問いたくなるであろう。しかし、小川さんが日々心にかけ世話をいとわない対象は、まさしくアサガオなのである。小川さんは二四時間アサガオのことを考えている。これを指して「花を愛でる」といわないわけにはゆかない。花へ接近する驚くべき姿勢というほかないが、これこそ花を愛でる文化の一つであろう。私が度肝を抜かれた文化、それが変化咲き朝顔の栽培だった。

変化咲き朝顔　初めて変化咲き朝顔の花を見せられて、それをアサガオだといい当てられる人はいない。その花は、およそアサガオとは思えない、ありとあらゆる不思議な姿を見せる。キキョウのような花があればボタンのような花もあり、ナデシコかと見まごうものやまるで扇子のような姿の花もある。その上、とうてい花とは見えない、もつれあった色糸や毛くずに見える代物まである。これが本当にアサガオだろうか。誰もがうなって考え込むほど不思議な姿をしている。

葉や茎もまた変わっている。ふつうアサガオは蔓を巻き付けて、はい上がっていくものだが、一〇センチほど伸びたあと、下に垂れ下がっていく「枝垂《しだ》れ」の性質を示すものがある。また「石化《せっか》」といって、いく本もの茎が柱のようにくっついて直立するものがある。

これらのなかには一〇〇〇粒の種を撒いて、一つ出るか出ないかのアサガオがあると聞かされれば、誰もが耳を疑って当然だろう。しかしそれは本当なのである。

変化咲きのアサガオは、遺伝子組合せの極致である。とくに変化を示す遺伝子は、ほとんどがいわゆる劣性であって、形質としては表面にあらわれにくいので、変化の著しいものはなかなか手に入らない。しかも、複雑なものになればなるほど、種子をむすびにくくなるため、毎年これを咲かせるには、途方もない手数がかかる。

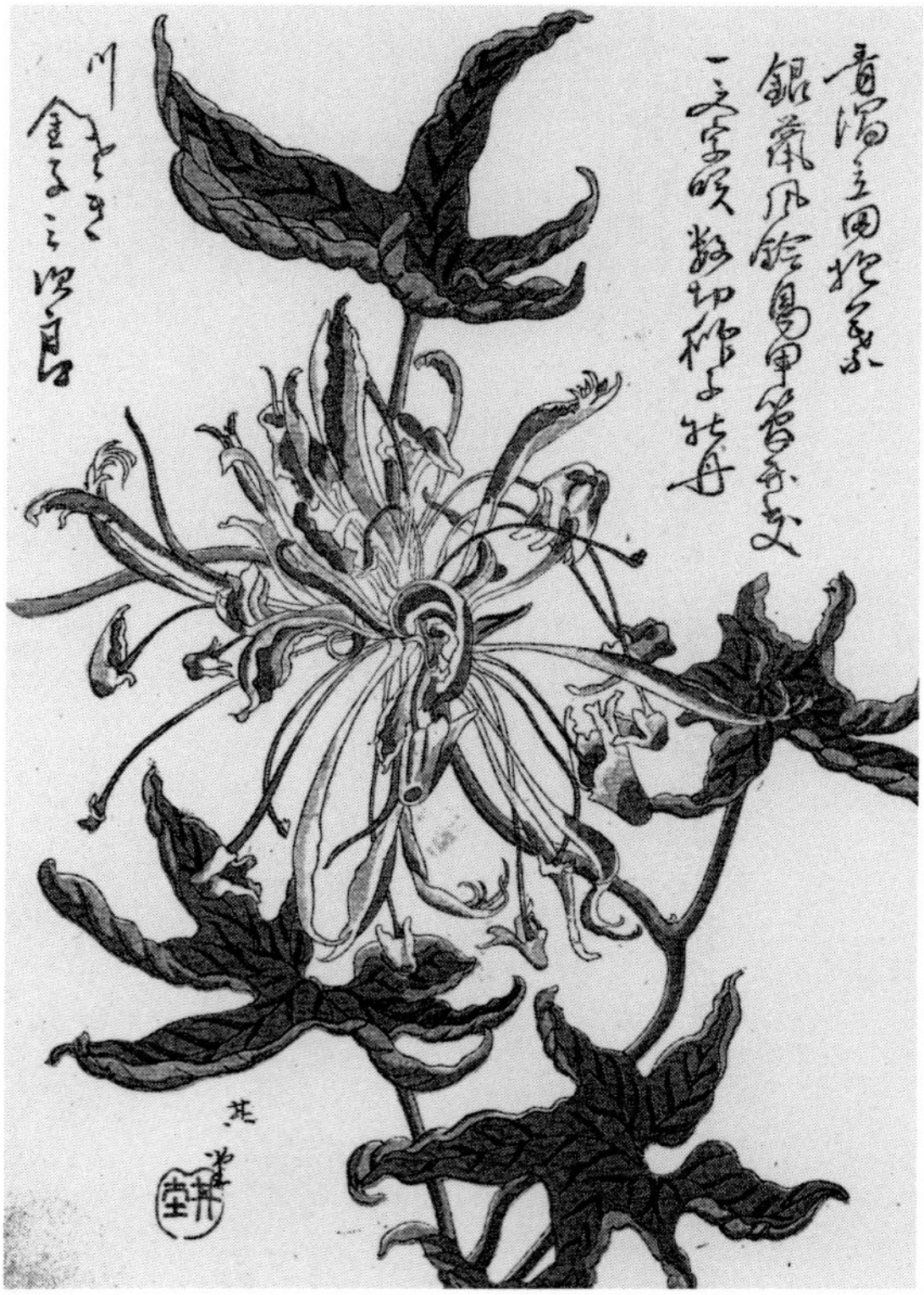

変化咲き朝顔
青渦立田抱葉銀鼠凮鈴鳥甲管弁交一文字咲数切獅子牡丹
（あおうずたつたかかえはぎんねずふうりんとりかぶと
かんべんまじりいちもんじざきかずぎれししぼたん）
（『東京朝顔研究会会報』第4回、明治45年より）

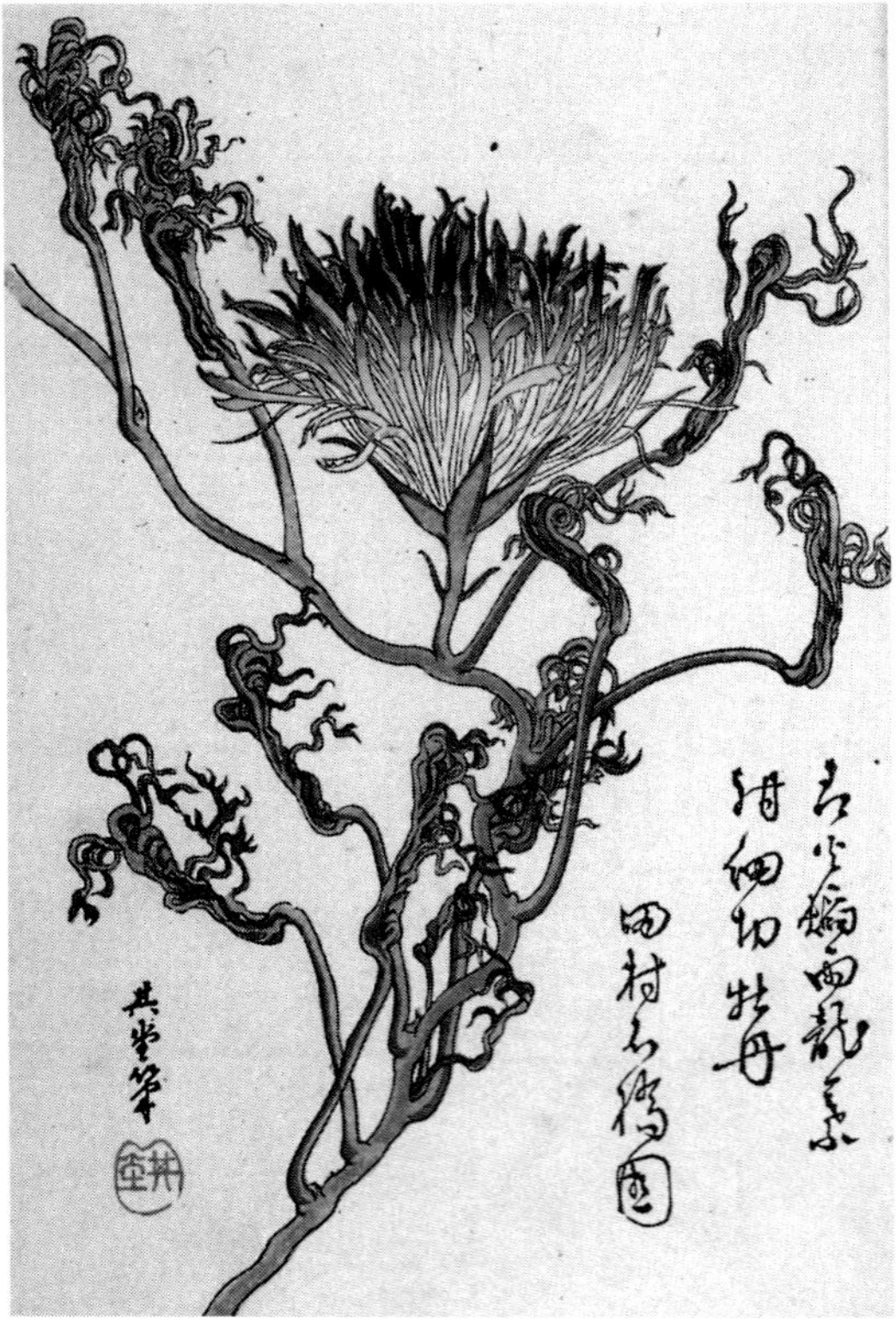

変化咲き朝顔
青玉縮面（緬）龍葉紺細切牡丹
（あおだまちりめんりょうばこんほそぎれぼたん）
（『東京朝顔研究会会報』より）

変化咲き朝顔にはどのようなものがあるか。

一例を挙げてみよう。

「紫《むらさき》覆輪《ふくりん》総風鈴《そうふうりん》獅子咲《ししざき》牡丹《ぼたん》」。ある変化咲朝顔はこのように名付けられる。これは、花弁の色が紫、白の縁どり（覆輪）があり、その花弁が多数に裂けて乱れ咲き（獅子咲）になり、重弁花（牡丹）になっているものである。

名付け方は、葉・茎・花のそれぞれの特徴を、色・形・咲き方（花の場合）の順につないでゆく。たとえば、先に挙げた花の場合、葉や茎に特徴があれば、その前にさらにこれを重ねて表記するのである。したがって、とんでもなく長い名前が生まれることになる。代表的な花の咲き方には「桔梗咲《ききょうざき》」「采咲《さいざき》」「牡丹咲」などがあるが、これら花の変化の妙に加えて、葉や茎も熱心な観賞の対象になった。

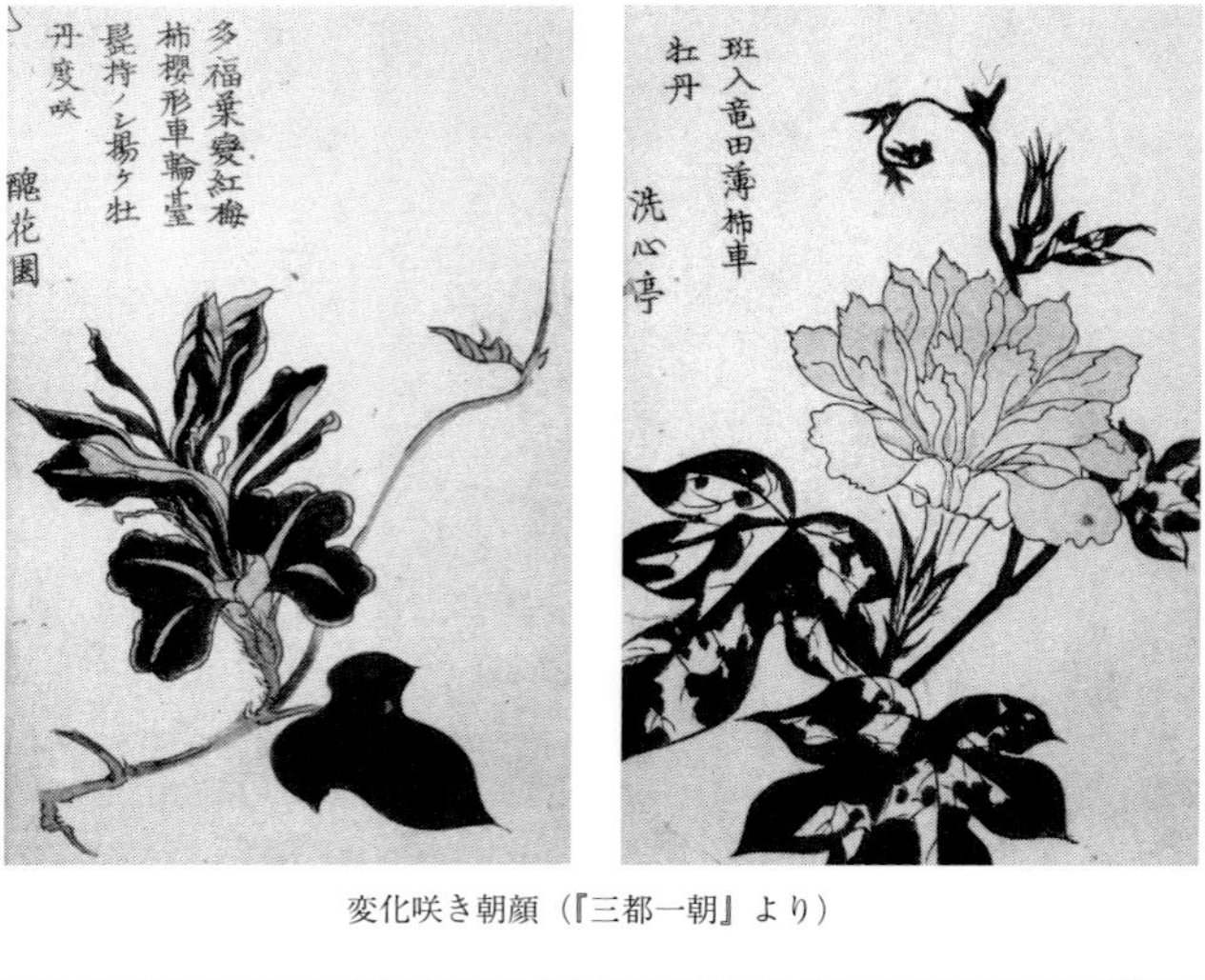

変化咲き朝顔（『三都一朝』より）

針のように細い「針葉《はりば》」、カエデのような「立田葉《たつたば》」、海草の海松《みる》のような「海松葉《みるば》」など多数の葉名があり、それぞれ花に劣らず関心を引いた。「縮緬立田葉芝舟竜葉《ちりめんたつたばしばふねりょうば》」という葉形は、モミジのような形だが、縮緬のように皺が寄っており、葉の縁が龍の手のように内側にくるまり、その先端がよじれているものである。そんな細かい点にまで区別の目を光らせる。これは花を愛でる姿勢の極致であろうか。それとも、もはや花を愛でる心を逸脱しているものだろうか。

変化咲き朝顔とは、アサガオの持つあらゆるバラエティーの細部まで味わい尽くす、植物への密着姿勢が生んだものである。このような変化咲き朝顔の栽培を、昭和戦前に前代から引き継ぎ、戦中戦後の危機を切り抜けて守り続けてきたのが小川信太郎さんだった。

朝顔老人の日常　変化咲き朝顔の種子は四月末から五月の初めに撒く。小川さんは、自宅から少し離れたところに、百坪ほどの自分の圃場をもっており、その圃場に毎年十万粒の種子を撒いていた。双葉が出た段階で、その形状から判断して不要の苗を間引く。ここでおよそ九割の苗が捨てられ、わずか一割にあたる苗だけ（それでも一万本！）が残される。

さらにそのうちから、とくに変化を強く示す数百本を自宅に持ち帰って、鉢に移し育てる。圃場に残された苗のうち、さらに半数ほどを間引いた残りおよそ五千本を、翌年の種子取り用として育てる。これから採れた種子は一粒一粒観察し、翌年グループごとに撒くため、およその分類をして、乾燥保存しておくのである。変化咲きの性質を示す種子は粒が小さく、形もいじけたものが多いので種子の形状からもある程度の判別がつくという。

自宅に持ち帰った数百本の苗は、毎日数十鉢ずつ短日処理にかける。つまり暗室に入れる。これによって開花が促進されるのである。変化咲き朝顔はもともと劣性遺伝子のかたまりのような植物である。生命力が弱い。夏の高い気温と湿度に助けられ、強い日差しをたっぷりと浴びてもまだ成長が追いつかず、秋口までにつぼみを結べないことが起こる。したがって短日処理をして成長を早めてやるのである。

仕事はこれだけではない。当然、すべての鉢に頻繁な水やりが欠かせない。苗が伸びてくると支柱も立ててやらなくてはならない。それもアサガオの性質にあわせて、行燈《あんどん》仕立て、螺旋仕立て、数咲きづくりなどと使い分ける。こんなふうにほぼ二四時間アサガオに付き合って、ようやく変化咲きの珍しいアサガオを我がものにできるのである。

小川さんは、こんな変化咲き朝顔に魅せられて、ずっとその栽培を続けた。毎年毎年もうやめようかと思うことがあったらしい。しかしまるでアサガオの精に取り憑かれてしまったかのように、その手を止めることがなかった。

アサガオの種子は、保存状態がよいと一〇年間ぐらいはなんとか発芽能力を保持する。しかしいったん栽培をやめて種子を放っておけば、発芽能力がなくなり、種子に保存されている遺伝子は永遠に失われてしまうことになる。アサガオの遺伝子が小川さんに乗り移っていたのだろうか。八〇歳を越した晩年もなお小川さんは、変化咲き朝顔に取り組んでいた。だが、その小川さんも、一九八六（昭和六一）年にこの世を去った。変化咲き朝顔は、重要な一人の守り手を失ってしまったのである。

朝顔文化の担い手　小川さんは三重県の農家の三男坊に生まれた。県立の蚕糸学校を卒業して、県の蚕業試験場に入所。そして蚕の育種、交配を仕事としていた。このとき遺伝学の手ほどきを受けたことが、その後の変化咲き朝顔の栽培に役立つことになる。

一九四〇（昭和一五）年、試験場の方針と職場の雰囲気とになじめなくなった小川さんは退職し、伊賀上野市の小さな銀行の行員になった。その頃から本格的に変化咲き朝顔に手を染め始める。まだ明治・大正の変化咲き朝顔ブームを担った栽培家が存命だった。小川さんは彼らに手紙を書いて、アサガオの種子を少しずつ手に入れていった。

太平洋戦争の最中は、品種を保存するのが大変だったという。戦後もしばらくは、少しでも空き地があればイモやカボチャを育てた時代だから、畑にアサガオを撒くなどというのは、酔狂を通り越して正気の沙汰とは思われなかったようだ。

小川さんは、それ以来ずっと奇人・変人の扱いを受け続けた。もちろん、園芸のみならず、一般に趣味人・好事家と呼ばれる人たちは、奇人・変人とみられるのがふつうだった。しかし、とくにアサガオは貧しくても手を伸ばせる植物だから、ふつうの庶民が凝り始めると家庭トラブルのもとになりやすかったようだ。一九〇九(明治四二)年の『東京朝顔研究会会報』第一号に、次のような投書が掲載されている。

大正5年に開かれた東京朝顔研究会創立10周年記念大会の会場風景
(『東京朝顔研究会会報』より)

「明治四一年八月三〇日、芝公園紅葉館に於て開会の朝顔品評会に、今日こそは天下逸品無類の珍花三鉢咲きたり、三光外へはやらじと出品支度中、当年五歳の子供が、その二鉢の花をちぎったので残念の余り子供の頭をポカリポカリやった。サア愚妻が烈火のごとく怒って僕に云ふやう。子供よりアサガオが可愛いのですかと、なかなか承知せず、一場の悶着となり二三の親戚まで集まり、朝顔培養廃止論まで出たが、結局アサガオの可愛いのは子供より数等以下に置く事とし、従前通り培養ができることになったのでホットしたが子供もなかなか可愛いものである。」（小石川、短気生）

最後にとって付けたように「子供もなかなか可愛いものである」と書いているのは、奥さんか親戚の手前からだろうか。ともかくこの投書から、妻も子も目に入らないほどアサガオ栽培に熱中する人がいたことがうかがえる。

小川さんの家庭がどうであったかは聞いたことがなかったが、やはりアサガオ、アサガオの日々であったことは間違いない。キクやハナショウブ、オモトや各種盆栽にも熱中する人がたくさんいたが、変化咲き朝顔ほど、のめり込みが著しいものはなかったと思われる。

花色でバラの青色、アサガオの黄色は、出すのが不可能といわれる代表的なものだ。しかし黄色のアサガオは幕末・明治の図譜には記録が残されている。小川さんは半世紀にわたってアサガオに付き合ったけれども、ついに黄色のアサガオには巡り会えなかった。「黄色のアサガオが出るのを毎年待っている。」生前に小川さんは淡々と、しかし奥には深い情熱を秘めた表情で語っていた。

また、アサガオには匂いがない。しかし小川さんはかつて香りのあるアサガオに出会ったことがあった。しばらくそれを育てていたが、形の変化の方に心を奪われているうちに、失われていったという。その後、毎年匂いのあるアサガオが出るのをを心待ちにしているが、もう何十年もあらわれないと小川さんは私に語ってくれた。

生前の小川さんの毎日はアサガオに明け、アサガオに暮れていた。どうしてこれほどまでに一つの植物に熱中できるのか、といった質問は野暮だろう。なんといっても江戸の昔からアサガオに取り憑かれた人びとはあまたいたのだから。「人はなぜ花を愛でるのか?」この問いへの答えを考えるとき小川信太郎のアサガオは、大事な一つの手がかりになると思う。

3. 花を愛でるとはいったいどのような行為か?

人は花をどのように愛でるのか?(花を栽培し、育て、楽しんでいるのか?)

キクに関して外国人が日本を観察した面白いエピソードを紹介しよう。

かの不思議の国で、忘れられない経験がある。

友人がすばらしいキクを見せてやろうと私を誘ってくれた。所有しているのは、キクの栽培では名が知られた人物だという。ところが私は大きな魚市場の中に連れ込まれたのである。近道だろうか？　いやそうではない！　ある魚屋の店先でその友人が魔法の言葉を呟いた。〝キク〟魚屋の主人の顔がパッと輝いた……外国人女性である著者は細い路地を通って奥に案内される。

障子が開けられるとそこには驚くべき世界があらわれた。宝物が中庭に溢れているのだ。完ぺきなキクの花……

毎年天皇から特使が派遣され、この身分の卑しい魚屋の主人の庭からキクをいくつか選ぶとのことだ。選ばれたキクは皇室のコレクションに加えられるのである。[*5]

（白幡訳）

まるでおとぎ話の世界の扉を開けるかのような物語が語られている。筆者のフロレンス・デュ・ケーンは、ちょうど日露戦争の講話条約が調印された頃に来日したらしい。その頃たいへん盛んだった東京団子坂の菊人形の人気テーマが広瀬中佐と旅順港封鎖の様子だったというようなことが記されているからである。

明治後期の社会でも、ここに語られるエピソードのようにキクは庶民の愛好家の中で人気のある栽培植物であった。庶民生活の間にキク栽培はしっかり根づいていたのである。

まったく予想外の魚市場の中にすばらしいキクが栽培されている。いわばキクの楽園がある。しかもこれを維持しているのは、大金持ちでも貴族でもない。暇を持て余す隠居でもない。比較的大きな店を構える魚屋で、生活には少し余裕がありそうだ。けれども高位高官ではなく、まったくの庶民。

身分も、地位もなく、しかも毎日きわめて忙しい魚屋の店を切り盛りしているふつうの庶民が、世界的にみてきわめて高い水準の園芸植物の栽培を支えている。高度な日本の園芸文化の担い手は、都市のふつうの庶民である。西洋人の目にそれは神秘の国の出来事のように映ったらしい。そのような事情は、明治だけではなく徳川の世でも同じだったのである。

キクと同じくアサガオに関しても日本では栽培・観賞が大人気となり、熱狂的なブームが起こったことが歴史上何度か知られる。

日本のアサガオは、渡来植物であるという説が有力である。遣唐使によってもたらされた頃は、日本においても中国名の牽牛子《けんごし》と呼ばれ、利尿剤となる種子が有用な漢方薬として珍重された。

牽牛子という語源には二つの説がある。一つは、アサガオの種子を背負わせた牛を牽いて、農夫が売り歩いたからというもの。もう一つは、牛を牽いていって、これと引換に手に入れるほどアサガオの種子が貴重だったというもの。中国・梁時代の陶弘景は、牽牛をアサガオの名とし、その種子を牽牛子と記している。

万葉集に出る「あさがお」は、キキョウのことだという説は広く流布しているが、他にムクゲ説やヒルガオ説もあってはっきりしない。現状では、「あさがお」は朝に咲く美しい花の総称であったとみるのが、ふつうの考えのようだ。平安の初め頃の書『本草和名』に「牽牛子　和名　阿佐加保」と記されたのが、今のアサガオの呼び名の初めといわれる。

このようにアサガオへの関心は、まずは漢方薬としての効能でありその種子が注目されたのであるが、そこから徐々に花の観賞へも関心が広がっていった。アサガオへの関心は花を愛でることから始まったわけではない。しかもアサガオの花の観賞が始まっても、江戸時代の前半はまだ変化咲きの記録はなく、ふつうの丸いアサガオも、観賞の花としてあまり普及してはいなかった。

変化咲き朝顔のブームは、一九世紀に始まる。文化・文政とまとめて呼びならわされる一九世紀の前半（一八〇四〜二九年）、花の色・形・模様・葉の形などの変化が喜ばれ、愛好家たちが競って珍しいものを求めた結果、奇妙・奇怪なものが貴ばれるようになった。これが変化咲き朝顔愛好の始まりである。

大坂、江戸では品評会が行われるようになり、評価の高かった出品を一覧表にした一枚刷りの番付があらわれ、ついで栽培・観賞の専門書も出版されるようになった。とくに文化一二（一八一五）年に出た『花壇朝顔通《かだんあさがおつう》』『牽牛品類図考《けんごひんるいずこう》』は当時の流行を知る上で欠かせない。

ついで熱狂的なブームが再来するのが幕末である。中国が西洋列強に翻弄されるアヘン戦争の情報が伝わってきた嘉永から、黒船が姿を見せ、日本も西洋との対応を考えざるを得なくなり社会不安がつのってくる安政にかけて（一八四八〜五九年）がその時期である。社会不安のはけ口が園芸にもとめられたという説もあるが、公家・旗本から町人にいたるまで、とにかく変化咲き朝顔に熱中する人が多数あらわれた。

その頃出版された『三都一朝《さんといっちょう》』『都鄙秋興《とひしゅうきょう》』は、当時の奇品中の奇品を色刷りにして載せた図譜であり、最初のブームである文化・文政期の出版物とは違い、培養法は書かれていない。もはや栽培の基本的方法は、マニアには知れ渡っていたのだろうか。

「三都一朝」とは、京・大坂・江戸の三都の人びとがこぞって朝に咲く花に熱中している様子を表現しており、「都鄙秋興」とは都人も田舎の住人も秋の花アサガオに興じているという意味である。当時の熱狂ぶりがうかがわれる題名である。

次のブームは明治三〇年~四〇年代である。大阪・東京・京都のほか名古屋・新潟・仙台・長崎などに朝顔愛好会が誕生した。これらのうち今も存続している会もあるが、多くはその後「変化咲き」から「大輪咲き」へと関心を変えた。大輪咲きとは丸いアサガオの花の大きいものを評価し、競い合うものである。現在の朝顔同好会はみな大輪咲きの愛好家の集まりである。変化咲きが注目されたのは大正時代までであり、その後昭和戦前にほとんど命脈は途絶えた。

このようにみてくると、ある時期に爆発的な人気を獲得した花にしてもその花を「愛でる」気持ちは、もともと存在したものとは必ずしもいえないこと、そして単にその花が好きであるという素朴な感情から「愛でる」のでもないこと、が想像される。平たくいえば、花の栽培も観賞も「人がやるから、自分もやる」といった動機が強いのではないかと思われる。自律的な要因より他律的な要因が、「花を愛でる」動機の中では大きいと思われる。人は自分の好みを社会関係の中で形成するように、人が「花を愛でる」のは、他人が「花を愛でるから」という答えが一つ考えられよう。

4. 花を愛でる美意識について

「人はなぜ花を愛でるのか?」という観点から、先に挙げたような魚屋が丹誠込めて育てているキクや、奇形ともいえるような変化咲き朝顔の愛好などはどのように理解すればよいのだろうか。こうしたものを含めて中尾佐助は『花と木の文化史』(岩波新書、一九八六年)の中で、花に対する「多様な美意識」の発現として考えている。中尾佐助が想定した「多様な美意識」の中に含まれる代表的なものは「異国趣味」「奇形趣味」「矮小趣味」である。

異国趣味　花を愛でる動機としての異国趣味は古くからみられる。たとえば古代エジプトの貴族の庭園ではヤグルマソウ、ヒナギク、スイレンなどがよく植えられていたが、これらはみな外来の草花で、エジプトが周辺地域に遠征に出かけたそのおみやげに持ち帰ったものであった。また日本で『万葉集』の時代にウメが好まれたのも異国趣味の一つのあらわれである。中尾佐助が数えたところでは『万葉集』に登場する植物の第一位はハギで一三八回、次いでウメが一一八回、三位はマツで八一回となる。このうちウメは中国江南地方から入ってきた異国の植物で、この時代にはまだ珍しい中国の植物とみられ、貴族たちの異国へのあこがれが反映している。また明治以降の日本でバラが愛好されたのは、上流階級の間で西洋の文化に対するあこがれが強かったからであろう。

西洋の近世以降に発展した園芸文化は他の地域のそれに比べてきわめて広範囲で力強いものだが、外来植物からの刺激がとても強かった。異国の植物を導入する専門的な人びと、いわゆるプラント・ハンターをたくさん生み出したのも西洋であり、全世界から植物を集めてこれを改良し、観賞植物を生み出してきた。この性向は異国趣味というよりはむしろ「希少価値」を求める心情によるものと考えられる。アルプスより北の諸国では植生が貧弱で植物の種類が少なく、その欠乏感が異国に珍しい植物・花を求める強い動機を作り上げたとみられる。特にイギリスは、南欧の諸国に比べればもちろんのこと、アルプスの北に位置するいわゆる西ヨーロッパ諸国の中でも植物種のバラエティーが貧弱で、それを自覚した近世以降猛烈に海外の植物を求める行動を開始し、その結果植物文化、園芸文化の王国といわれるほどになった。イギリスにないもの、乏しいものに対するあこがれ、「希少価値」を求める心情が高度な植物文化・園芸文化を育てたとみてよい。この考え方からすると「花を愛でる」動機の一つは「希少価値」の追求だということになる。

奇形趣味・矮小趣味　中尾佐助は変化咲き朝顔をはじめ、オモト、サクラソウ、マツバランなどの植物を「古典園芸植物」と呼んでこれらの愛好を「隠居趣味」と表現している。この中で変化咲き朝顔やマツバランは、奇形趣味につながる美意識で評価されているとみてよいだろう。さらに現代の奇形趣味として中尾佐助はサボテンや多肉植物に対する愛好を例に出している。サボテンや多肉植物のおもしろさは何といっても不思議な形を示すところにあるので、その奇形化が観賞の中心になるという。

この延長上にあるのが「矮小趣味」であるといえよう。栽培の仕方によって植物を矮小化させたり、また小型の植物に目をつけてこれを栽培したりするものである。日本の盆栽は矮小趣味の上に成り立っていると思われる。

異国趣味や奇形・矮小趣味を「人はなぜ花を愛でるのか?」の説明に応用できないかと考えたのであるが、これらの「趣味」なるものは文字通り「趣味」であって、個々人の生活の余裕や社会の余裕があってこそ生まれるものである。つまりいかなる社会状況であっても生じるような根源的な人間の欲求とは必ずしもいえないものであろう。中尾佐助もこれらを後天的に形成されたもの、言い換えれば社会的に形成された美意識とみていた。

植物に向けられる関心は多様であり、ふつうの言葉でいう「美しい」からだけではなく、奇怪な形や醜悪な色であっても「趣味」として関心が持たれることがある。人間のこのような心理についても「愛でる」という表現が妥当ならば「人はなぜ花を愛でるのか?」という問いに対する答えはたいへん複雑なものになるだろう。

「人はなぜ花を愛でるのか?」に答えようとするとき、日本の花見を例に考えると「日本にサクラがあるからだ」という意見がある。しかしそれは必要条件でしかない。中尾佐助によればネパールやブータンでは見事なシャクナゲが咲くのに、人びとはまったくそれを観賞しない、そもそもシャクナゲを愛でるようなことはないという。私はネパールを訪問したことはないが、ブータンは訪れたことがある。シャクナゲのシーズンだったがこれを人びとが観賞している様子はまったく見なかった。シャクナゲの花見はなかったのである。

ブータンのお寺に行くと鉢植えの花などが飾ってあるのによく出会う。鉢にどんな花が育てられているかというと、だいたい外来の植物であり、ヒナギクやコスモスなどである。自生の花ではなく他所からもたらされた外国の花が植木鉢で育てられている。

見事なシャクナゲが地元で咲くのに、ブータンやネパールの人びとはそれを観賞したり、愛でることがないのである。美しい花が目の前にあっても、その花に関心を持つわけではない。その花がいかに見事であっても、愛でるとは限らない。

中尾佐助はそこから、美意識というものは自然に本能に備わっている面もあるけれども、むしろ学習を通じて、言い換えれば社会的に、あるいは文化的に作り上げられてゆくことの方が大きいのではないかと考えた。すなわち後天的に形成される美意識である。

この二つの美意識、前者の「本能的美意識」と後者の「文化的美意識」を区別して、その上で中尾佐助は「花はなぜ美しいか?」(『花と木の文化史』の冒頭の章はこう題されている)という問いを立てた。われわれの問題意識と表現に引きつければ「人はなぜ花を愛でるのか?」と問うべきであるとしたのである。

たとえば、日本ではたいへん好まれ、愛でられる花が、なぜか世界ではほとんど好まれない、愛でられないことがある。その逆のこともあって、日本ではヒガンバナを庭に好んで植える人はまずいない。ヒガンバナは死者につながるようなイメージを色濃く持っているからで、不吉な感じがあるからだ。田んぼの畦などに生えていることはあるが、わざわざ庭には植えようと思わないのである。

ところがアメリカの庭園などでは好んでヒガンバナを植えることがある。形や色からすれば十分に美しい花だから、先入観がなければ素朴にきれいだと思って植えることができる。中尾佐助のとらえかたによれば、単純な本能的美意識から植えているわけだ。日本では不吉なものの象徴だとみて植えない。これは文化的美意識がブレーキとして働いている。後天的な知識が庭にヒガンバナを植えることを妨害するのである。

こうした点で美意識には、本能的なものと文化的なものがある、とみるのが中尾佐助の考えであった。この考えを手がかりに「人はなぜ花を愛でるのか?」に答えようとすると、その前提として人間には美意識が備わっている、花を美しいと思う気持ちが備わっているということになる。しかし美意識は本能に存在するか、本能は美意識を持っているのかという疑問もわく。美意識はやはり文化的なもの後天的なものではないのかとの強い思いである。

もし本能が美意識を持っているならヒマラヤのシャクナゲを現地の人は、多少なりとも愛でるのではないか。ほとんど無関心なのは美意識が本能に備わっていないのではないか、という思いにさせる。他方、ヒガンバナの例から考えると不吉なものとみる文化的美意識がある一方で、やはり目立つ形、原色が鮮やかといった点に心動かされる本能的美意識も人間に備わっているのではと思わせる。

そもそも「人はなぜ花を愛でるのか？」という問いは、現在のわれわれの問題として考えるのか、人類史の最初からの問いとして考えるのかによって答え方は違うだろう。病人にお見舞いの花を持って行ったり、何かのお祝いに花を贈ったりするのは文化的美意識によるものとみるのが自然だろう。相手の状況を思い、病室や祝賀の場という違いを考えて花を選んだりするのは、これまでの経験や知識をもとに行われる文化的な行動だろう。もちろんそうした行動の根源に本能的美意識が存在することを否定はできない。けれども現代社会において人びとが「花を愛でる」のはほとんど文化的（後天的）美意識によると考えてよいだろう。

では人間が初めて死者に花を手向けたときの気持ちは何だったであろうか。それを考えると文化的美意識だけでは説明できないと思える。そのとき働いた力を人間の本源的な「花を愛でる」心とするとそれは本能的美意識に近いものではないだろうか。

過去の、そして人類史の原初における「花を愛でる」思いや行為と、現代社会での「花を愛でる」思いや行為を、ひとくくりに説明することは私にとってまだ未完である。

註記

＊1 「見物とてもなく、いせ喜（伊勢屋喜兵衛）が尺八にて、竹彦（竹屋彦兵衛）が一ふしを肴に酒事にて日をくらし」『花壇菊花大全』（芸能史研究会編『日本庶民文化史料集成　第九巻』三一書房、一九七四年、四九二頁）

＊2 同右書、四九三頁

＊3 『丸山菊大全』（芸能史研究会編『日本庶民文化史料集成　第九巻』三一書房、一九七四年）

＊4 キクは重陽の節句の主役であり、旧暦九月八日に菊花の上に綿を載せ、そのまま一晩置いて、翌九日の重陽の節句の日に菊花の夜露を吸った綿で肌をぬぐうと若さを保つことができるとされた。

＊5 Florence Du Cane, *The Flowers and Gardens of Japan*. London, 1908, pp.204-206

あとがき

人はなぜ花を愛でるのか？　こんな問いを突然投げかけられたら人は誰でも驚くだろう。普通はまず考えつかない問いである。けれどもその問いを繰り返し頭に浮かべていると、じつに気になる問いであることが感じられてくる。

確かに言われてみれば、なぜ人は花が咲いたといってはそれを見に出かけたり、花に特別な想いを抱いたり、花を人に贈ったりするのだろうか。人はなぜ花を愛でるのか？不思議だなあ、と思えてくるのである。

人と自然、人間と周囲の環境との関係について、これまでずいぶん考察してきたと思っている研究者のなかでも、この問いを向けられて、「ああそのことですか」というような返事をする人はまずいないだろう。一度でもそんなことを考えたことがある人の方が珍しい。

地球研所長の日高さんが提起したこの問いに、多くの研究者を集めてディスカッションしてみればたいへん面白いだろうということで、シンポジウムが実現した。そのディスカッションも踏まえ、参加者にそれぞれの「人はなぜ花を愛でるか」論を書いてもらった。

いつ頃から人は花に関心を向けるようになったのか、花を絵に描いたり飾ったり、人は花から何を得てきたのか、花にこれまでどんな働きかけをしてきたのか。おそらくそんなことが概ね「花を愛でる」ことであろう。というくらいの了解を前提としてシンポジウムを開き、議論することは可能だった。しかし、いざもう少し突っ込んで考えてみようとすると「花を愛でる」とはどういう行為か、どういう心情を言うのかはっきりしない。花を栽培したり、観賞したり、あるいは人に贈ったりすることが花を「愛でる」ことなのか。いろいろな「愛でる」行為や「愛でる」心情がありそうだ。それらの一つ一つを時代別に、あるいは専門分野別に考察してもらったのが本書である。

人間の絵画的表現のきわめて早いものに洞窟壁画がある。ラスコーなどの有名な、およそ三万年前に描かれたといわれる洞窟壁画には、動物は描かれている。しかしその中に、はっきり花とわかる絵はまったく見つかっていない。植物らしきもの（幹や葉など）が描かれている絵が出現するのは、六千年前くらいという。

日本の縄文土器にも、明らかに花を表現したものは見あたらないようだ。狩猟の場面に森の木を描いたと思われるものが若干存在するが、それがわずかに植物を描いた例である。

古代西アジアにおいて、人間が描いたもっとも古い花の絵と考えられる壁画がトルコの遺跡から出土している。紀元前七千年頃の遺跡だという。また人類の古い「文明」といえば六〜七千年前から始まるエジプトやメソポタミアの文明が思い浮かぶが、そこにははっきりロータスやパピルスとわかる花・植物の表現が見られる。

文明の誕生、文明の開始を区切る指標はいろいろ考えられてきたが、かりに花への関心を文明誕生の指標の一つと考えてみると、六〜七千年前に現れ、五千年前頃から統一国家を形成したエジプト、メソポタミア文明の始まりは、大きな画期と考えられよう。

文明は定住・農耕の開始によって誕生したという大づかみな理解を前提とすると、花が人間の身近なところに出現するようになるのは、やはり「文明」の誕生が画期になると考えてよいだろう。

いわゆる原始林には花はない。人間が定住し、農耕を始めると人間の周囲に花が多く現れるようになる。森林が切り開かれ、土地が攪乱されてはじめて、花らしい花、大形のきれいな花が登場するからである。花が人間と深い関係を持ち始めるのは、人間が環境を攪乱し（文明を誕生させ）、そのため人間のすぐ近くに花が多く出現する事態が生じてからではないか。

本書の前半はこうした人間と花との出会いを探る論考が中心になっている。本書の後半は、花と出会った人間がその後、花をどのように扱ったか、利用したか、また花に動かされたかが各専門分野から考察されている。読者には、花と人間との関わりがどれほど多面的で多様であるかを感じてもらえると思う。しかしふたたび「人はなぜ花を愛でるのか?」という問いが頭をもたげてくることと思う。

「はじめに」の最後で、日高さんは自分なりの答えを書き記しておられる。私もそれに倣って自分なりの答え(予感)をここに記してあとがきを終えたい。

人が一人で生きて行くのはたいへん困難である。もともと群れをなして生きていたと思われる人間が、もっともうまく暮らして行く手だては、他者との関係を保ちながら集団の中で生きて行くことである。花を手にして以来、人が花に向き合う姿勢を考えてみると、花は他者との関係を保つための有用な道具の一つとして用いられてきたように思える。

人と人との間を取り持つさまざまな媒介物が人間には必要である。花はそのうちの一つであり、まず人と神との間を取り持ってくれるものとして用いられるようになったのではないだろうか。祭壇に捧げられる花は、神と人との間を取り持ってくれることが期待されている。

神とは、もっとも人の意のままにならない他者の代表であり、人を超越した存在である。超越者との間に必要な「なかだち」として、花は用いられた。そして徐々に人と人との間を取り持ってくれる「なかだち」としてさまざまな場面に顔を出すようになった。お祭り、あるいは葬式・婚礼などの儀式で用いられる花の最初は、神と人との「なかだち」であり、後に人を喜ばせる「かざり」にもなってゆく。嬉しいことや悲しいことに応じて贈り・贈られる花は、人と神、人と人の間を取り持つ媒介者「なかだち」であろう。

「人はなぜ花を愛でるのか?」それは、他者との間を取り持つ「なかだち」の役割を花に期待しているからではないだろうか。

これをとりあえずの私的な答えとしておきたい。

二〇〇七年三月

白幡洋三郎

佐藤洋一郎（さとう・よういちろう）
総合地球環境学研究所・教授
静岡大学助教授を経て、2003年より現職。専攻は遺伝学、DNA考古学。古い時代の農業、とくに品種のあり方に関心を持ち、研究を続けてきた。主な著書に『DNAが語る稲作文明』（NHKブックス）、『森と田んぼの危機』『里と森の危機』（朝日新聞社）、『稲の日本史』（角川書店）など。「第9回松下幸之助花の万博記念奨励賞」「第17回濱田青陵賞」を受賞。

武田佐知子（たけだ・さちこ）
大阪外国語大学・教授
文学博士。日本史、衣服史。1995年「濱田青陵賞」受賞。2003年紫綬褒章受章。衣服やかぶりものを通じて、国家、社会、身分や階級、そして国際的交通を考えている。最近は、3世紀以降7世紀に至る間の、史料的空白時代について、その間隙を埋める作業をしている。主な著書に『古代国家の形成と衣服制』（吉川弘文館、サントリー学芸賞）、『衣服で読み直す日本史——男装と王権』（朝日新聞社）、『信仰の王権　聖徳太子』（中公新書）、『娘が語る母の昭和』（朝日新聞社）など。

高階絵里加（たかしな・えりか）
京都大学人文科学研究所・助教授
東京大学文学部美術史学科卒、同大学大学院、イタリア・ピサ大学で美術史を学ぶ。2000年より現職、文学博士。美術における日本と欧米の交流を歴史的に調査研究し、芸術における自然と人間の描かれ方と文化によるその表現の違いに関心を持つ。最近では、人間にとってなぜ美や芸術は必要なのかを考えている。主な著書に『異界の海——芳翠・清輝・天心における西洋』（三好企画）、主な翻訳書に『モネ』『シャガール』『北斎　百人一首　うばがゑとき』『マネ』（いずれも岩波書店）、『ピカソ』（創元社）など。

秋道智彌（あきみち・ともや）
総合地球環境学研究所・教授
国立民族学博物館教授を経て、2002年より現職。理学博士。専攻は生態人類学・民族生物学。これまで、東南アジア、オセアニア、日本で自然と人間の文化の関わりについての調査・研究に従事。人間が植物や動物をどのように認知し、利用するかについての民族生物学研究に興味を持つ。最近は、中国雲南省、ラオスなどで住民による動植物利用の歴史から地域の歴史を探る研究を実施。主な著書に『森はだれのものか？』（日高敏隆と共編、昭和堂）、『コモンズの人類学——文化・歴史・生態』（人文書院）、『なわばりの文化史』（小学館）、『オーストロネシアの民族生物学』（中尾佐助と共編、平凡社）など。

【執筆者紹介】(執筆順)

小川 勝(おがわ・まさる)

鳴門教育大学・助教授

鳴門教育大学講師を経て、1995年より現職。文学修士。専攻は美術史学・芸術学。これまで、西ヨーロッパ、南アメリカ、東アジアにおいて、先史美術に関するフィールドワークを行う。人間がかたちを表現することで、どのように周囲の世界を認識しているかに関心を抱いている。近年は、洞窟の暗闇の中で、でこぼこした自然の岩の面にもともとあるかたちと、人間の作り出すかたちの関係を調べている。主な著書に『フゴッペ洞窟・岩面刻画の総合的研究』(編著、中央公論美術出版)、『アルタミラ洞窟壁画』(共訳、岩波書店)など。

小山修三(こやま・しゅうぞう)

吹田市立博物館・館長/国立民族学博物館・名誉教授

Ph. D(カリフォルニア大学)。専攻は考古学、文化人類学。狩猟採集社会における人口動態と自然環境への適応のかたちに興味を持ち、これまでに縄文時代の人口シミュレーションやオーストラリア・アボリジニ社会の研究に従事。この民族学研究の成果を使い、縄文時代の社会を構築する試みを行なっている。主な著書に『狩人の大地——オーストラリア・アボリジニの世界』(雄山閣出版)、『縄文学への道』(NHKブックス)、『縄文探検』(中公文庫)、『森と生きる——対立と共存のかたち』(山川出版社)、『世界の食文化7 オーストラリア・ニュージーランド』(編著、農文協)など。

大西秀之(おおにし・ひでゆき)

総合地球環境学研究所・プロジェクト研究員

日本学術振興会特別研究員PD、総合地球環境学研究所技術補佐員などを経て、2006年度より現職。博士(文学)。専攻は人類学・考古学。アイヌ文化やフィリピン山地民などを対象とした人類学的・考古学研究に従事。現在は、人間が環境に働きかけるなかで歴史的・文化的に形作ってきた「技術」や「制度」に注目している。主な著作に『環境と資源利用の人類学』(共著、明石書店)、『電子メディアを飼いならす』(共著、せりか書房)など。

渡辺千香子(わたなべ・ちかこ)

大阪学院短期大学・助教授

専攻はアッシリア学・美術史。Ph. D(ケンブリッジ大学)。古代メソポタミアの文献や図像に表現された動物のシンボリズムについて、文化人類学や言語哲学の視点を導入しながら考察。また最近は、新アッシリア時代の浮彫り彫刻に表現された物語絵画を、美学的な視点から分析する研究を行う。主な著書に Animal Symbolism in Mesopotamia : A Contextual Approach (Wiener Offene Orientalistik Bd 1)、『世界美術大全集東洋編16 西アジア』(共著、小学館)、『古代オリエント事典』(共編著、岩波書店)、『古代王権の誕生Ⅲ』(共著、角川書店)など。

【編者紹介】

日高敏隆（ひだか・としたか）

総合地球環境学研究所・所長

東京大学理学部動物学科卒。東京農工大学農学部教授、京都大学理学部教授、滋賀県立大学初代学長を経て、2001年、総合地球環境学研究所初代所長に。京都大学名誉教授、滋賀県立大学名誉学長。1982年、日本動物行動学会を設立し、長く会長を務める。主な著書に『チョウはなぜ飛ぶか』（岩波書店、毎日出版文化賞）、『動物と人間の世界認識』（筑摩書房）、『春の数えかた』（新潮社、日本エッセイストクラブ賞）、『人間は遺伝か環境か？　遺伝的プログラム論』（文春新書）など。

白幡洋三郎（しらはた・ようざぶろう）

国際日本文化研究センター・教授

京都大学農学部林学科卒業。京大大学院在学中に西ドイツ・ハノーファー工科大学（当時）に留学。西洋の都市計画史・庭園史を研究。京大農学部助手、国際日本文化研究センター助教授を経て現職。都市文化、とくに目に見える形を持つ文化全般についてヨーロッパと日本・アジアとの比較研究を行っている。庭園や名所の形成、旅行や遊びの創造に花や木がどのようにかかわってきたかを考える「植物文化史」を構想中。主な著書に『日本文化としての公園』（共著、八坂書房）、『プラントハンター』（講談社、毎日出版文化賞・奨励賞）、『花見と桜』（PHP研究所）など。

人はなぜ花を愛でるのか ［地球研ライブラリー］

2007年3月31日　初版第1刷発行

編　　者　日高敏隆
　　　　　白幡洋三郎
発行者　八坂立人
印刷・製本　モリモト印刷(株)

発行所　(株)八坂書房
〒101-0064　東京都千代田区猿楽町1-4-11
TEL.03-3293-7975　FAX.03-3293-7977
URL: http://www.yasakashobo.co.jp

ISBN978-4-89694-890-5